البيان
لموقف السادة آل أبي علوي
من معاوية ابن أبي سفيان

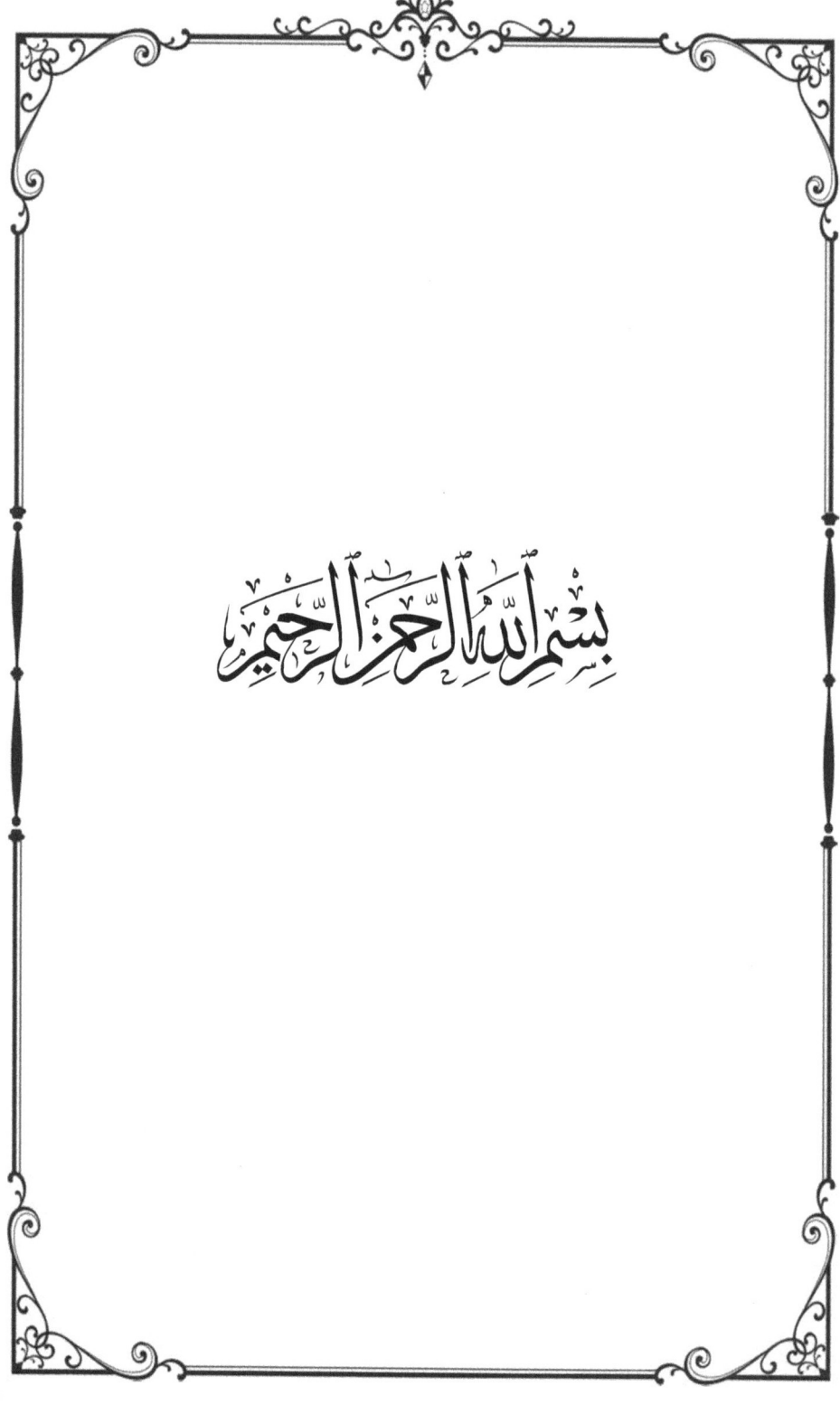

بسم الله الرحمن الرحيم

البيان
لموقف السادة آل أبي علوي
من معاوية ابن أبي سفيان

تقديم ومراجعة

السيد العلامة المحدث حسن بن علي السقاف باعلوي

تقريظ ومراجعة

السيد العلامة د. محمد بن سقاف الكاف باعلوي

العلامة المحدث د. محمود سعيد ممدوح

تأليف

علوي بن صادق الجفري باعلوي   حسن بن صالح الكاف باعلوي

دار النضيري للدراسات والنشر
Dar Al-Nadhiri for Studies & Publications

مركز أبي بكر بن شهاب الدين
للدراسات والبحوث الإسلامية

مركز العريضي
للدراسات والنشر
Al-Aridhi Center

دار النضيري للدراسات والنشر
Dar Al-Nadhiri for Studies & Publications

المالك والمدير العام
أسامة بن أبو بكر النضيري باعلوي
الموقع الإلكتروني:
https://www.daralnadhiri.com
البريد الإلكتروني:
daralnadhiri@gmail.com
هاتف: 682 911 7961 44+
لندن– المملكة المتحدة

مركز أبي بكر بن شهاب الدين
للدراسات و البحوث الإسلامية
المالك والمدير العام
عبد الله بن نايف المطيري
البريد الإلكتروني:
ibnshehabcenter@gmail.com

مركز العريضي للدراسات والنشر
alaridicenteryemen@gmail.com

البيان
علوي الجفري (مؤلف)
حسن الكاف (مؤلف)
225 صفحة، (تأليفات 1)
17×24

ISBN: 978-1-7398252-4-9

«الآراء التي يتضمنها الكتاب لا تعبر بالضرورة عن وجهة نظر الدار».

حقوق الطبع محفوظة

لا يسمح بإعادة إصدار أو طبع أو نشر هذا الكتاب أو أي جزء منه أو تخزينه في نطاق استعادة المعلومات أو نقله بأي شكل من الأشكال دون إذن خطي سابق من **دار النضيري للدراسات والنشر**

الطبعة الأولى: 1444هـ-2023م

المحتويات

كلمة الناشر عبد الله بن نايف المطيري 9
تقديم السيد العلامة المحدث حسن بن علي السقاف 11
تقريظ السيد العلامة د. محمد سقاف الكاف 19
تقريظ العلامة المحدث د. محمود سعيد ممدوح 24
الاستفتاح 33
المقدمة 35
المبحث الأول/ موقف السادة آل باعلوي من حب معاوية 43
المطلب الأول/ موقف أهل السنة من حب جميع الصحابة تفصيلا 43
المطلب الثاني/ مخالفة السادة آل باعلوي للأشاعرة في مسائل 45
«فائدة»: طريقة معرفة أقوال السادة آل باعلوي المخالفة لمذهب الأشاعرة 48
المطلب الثالث/ موقف السادة آل باعلوي من حب الصحابة تفصيلا 50
المطلب الرابع/ بيان من لا يحبهم السادة آل باعلوي من الصحابة 52
المبحث الثاني/ موقف السادة آل باعلوي من الترضي على معاوية 57
المطلب الأول/ زيادة النساخ الترضي عن معاوية 57
المطلب الثاني/ الترضي عن جميع الصحابة 61
المطلب الثالث/ لا يلزم من الترضي المحبة 63
المطلب الرابع/ وجوب حب المؤمن 64
المبحث الثالث/ موقف السادة آل باعلوي من لعن معاوية 69

المطلب الأول/ قول السادة آل باعلوي بأنّ معاوية كان ناصبيا 69
المطلب الثاني/ حكم لعن المعين عند الشافعية وذكر الخلاف 72
«فائدة»: حكم اللعن على القول بجوازه 80
المطلب الثالث/ اختلاف السادة آل باعلوي في حكم لعن معاوية 81
المطلب الرابع/ اختلاف السادة آل باعلوي في حكم السب 87
«فائدة»: هل يموت من طعن في معاوية خارج تريم؟ 91
المطلب الخامس/ اختلاف السادة آل باعلوي في حكم بغض معاوية 93
المبحث الرابع/ مناقشة موقف أبرز من يحتج بهم الذابون عن معاوية من العلويين 99
المطلب الأول/ مناقشة موقف الإمام الحداد 99
المطلب الثاني/ مناقشة موقف الحبيب أحمد بن عمر بن سميط 124
المطلب الثالث/ موقف الحبيب حسن بن علوي ابن شهاب 126
المطلب الرابع/ موقف الحبيب أحمد بن حسن العطاس 130
بيان تأخر ما ذكرناه من موقفه على نصوص الذابين عن معاوية 133
رأي الحبيب أحمد بن حسن العطاس من «النصائح الكافية» 134
نشر الحبيب محمد بن عقيل بن يحيى لـ «النصائح الكافية» مع نهي الحبيب أحمد بن حسن العطاس عنه 138
التعليق على بعض كلام الحبيب أحمد بن حسن العطاس يحتج به الذابون عن معاوية 141
إثبات الحبيب أحمد بن حسن العطاس لمعاوية فضائل 143
المطلب الخامس/ مناقشة موقف الحبيب علوي بن عبد الله بن شهاب 150
المبحث الخامس/ ذكر نماذج من مخالفة السادة آل باعلوي لأهل السنة والجماعة في موقفهم من معاوية 154
المطلب الأول الإمام زين العابدين العيدروس [ت: 1041هـ] 156
المطلب الثاني الحبيب العلامة علي بن حسن العطاس [ت: 1172هـ]...... 157
المطلب الثالث الإمام العلامة علوي بن أحمد بن حسن الحداد [ت: 1232هـ]164

المطلب الرابع الحبيب العلامة علي بن محمد الحبشي [ت: 1333هـ] 165
المطلب الخامس الحبيب العلامة المتفنن أبو بكر بن عبد الرحمن بن شهاب [ت:1341هـ] 173
المطلب السادس الحبيب العلامة محمد بن أحمد المحضار [ت:1344هـ] .. 175
المطلب السابع الحبيب عقيل بن عثمان بن عبد الله بن يحيى [ت:1344- 1346هـ] 178
المطلب الثامن الحبيب علي بن عبد الرحمن بن سهل [ت: 1349هـ] 179
المطلب التاسع الحبيب العلامة محمد بن عقيل بن عبد الله بن عمر بن يحيى [ت: 1350هـ] 182
المطلب العاشر الحبيب محمد بن علي الحبيد [ت: 1356هـ] 182
المطلب الحادي عشر الحبيب القطب أحمد بن عبد الرحمن السقاف [ت: 1357هـ] والحبيب عبد الله بن محمد بن حسين السقاف 183
المطلب الثاني عشر الحبيب مصطفى المحضار [ت: 1374] 184
المطلب الثالث عشر الحبيب العلامة عبد الرحمن بن عبيد الله السقاف [ت: 1375هـ] 185
المطلب الرابع عشر الحبيب العلامة علوي بن طاهر الحداد [ت: 1382هـ] 195
المطلب الخامس عشر الحبيب العلامة صالح بن علي الحامد [ت: 1387هـ] 198
المطلب السادس عشر الحبيب المسند سالم بن أحمد بن جندان [ت: 1389هـ] 200
المطلب السابع عشر الحبيب العلامة علوي بن عبد الله بن حسين السقاف [ت:1392] 201
المطلب الثامن عشر الحبيب العلامة إبراهيم بن عمر بن عقيل بن يحيى [ت: 1409هـ] 202
المطلب التاسع عشر الحبيب العلامة المحدث علي بن محمد بن يحيى [ت: 1409هـ] 204
المطلب العشرون الحبيب عبد الله بن أحمد بن عمر بن يحيى [ت: 1415هـ]206

المطلب الحادي والعشرون الحبيب الأديب محمد بن سالم بن علوي خرد [ت:1419هـ].. 207

المطلب الثاني والعشرون الحبيب محمد بن أحمد الشاطري [ت: 1422هـ] 209

نتائج البحث 212

خاتمة 214

المراجع 216

كلمة الناشر عبد الله بن نايف المطيري

مؤسس مركز أبي بكر بن شهاب الدين للدراسات والبحوث الإسلامية

بسم الله الرحمن الرحيم

والصلاة والسلام على سيدنا محمد وأهل بيته الطيبين الطاهرين.

وبعد:

-فإن الموقف من معاوية بن أبي سفيان أمر كثر فيه الأخذ والرد بين علماء المسلمين وإن الجدل حول حقيقة الرجل والموقف الشرعي منه جدل يتجدد في كل قرن منذ أن خرج على خليفة المسلمين في عصره وكان رأس الفئة الباغية الداعية إلى النار المحاربة للإمام أمير المؤمنين علي بن أبي طالب عليه السلام.

-وإن كل باحث مطلع على تاريخ أهل البيت النبوي الشريف يعلم حقيقة موقفهم خلفاً عن سلف من معاوية وأنهم على جرحه، ولم يكن هذا الموقف ليحتاج إلى بيان لولا محاولات إخفائه ومصادرته وإقصائه من قبل النواصب بالإدعاء أن أهل البيت كانوا على توليه و محبته.

وهيهاتَ من أولادهم نجل حُـرَّةٍ   يُـوالي الأُلى عـادوهُمُ قبـلُ أو بعـدُ

-وفي القرن الرابع عشر خرج من السادة الأشراف آل باعلوي عدد من كبار أهل العلم ممن صرحوا بحقيقة موقف السادة العلويين من معاوية وعلى رأسهم

السيدان الجليلان العلامة أبو بكر بن عبد الرحمن بن شهاب الدين والسيد العلامة محمد بن عقيل بن يحيى، ولي في حياة وآثار كل من هذين السيدين الفاضلين مؤلف بذلت فيه غاية الجهد واعتمدت في كتابته على مئات المصادر المطبوعة والمخطوطة ورجعت إلى العشرات من وثائقهم وأوراقهم الخاصة، وأسأل الله أن يعجل بخروج هذين الكتابين إلى القراء المحبين لسيرتهما في القريب العاجل.

- ولما تقدم من ذكر لمحاولات إخفاء ومصادرة موقف السادة من معاوية كان من الواجب صدور هذا البيان، ونحمد الله أن وفق لإنجازه على أكمل وجه باحثين أكفاء من السادة الباعلوي أبت عليهم الحمية العلوية الهاشمية أن يكذب على سلفهم الطاهر ويحرف منهجهم المنير.

ولما اطلعنا على هذا البحث القيم رأينا نشره لأهميته؛ ليكون باكورة إصدارات (مركز أبي بكر بن شهاب الدين للدراسات و البحوث الإسلامية) ويعتبر هذا المركز من المراكز البحثية المتخصصة بتاريخ وتراث علماء السادة العلويين الحضارم من أصحاب الخط الموالي لأهل البيت عليهم السلام.

والله من وراء القصد.

وكتبه

عبد الله بن نايف المطيري

مؤسس مركز أبي بكر بن شهاب الدين للدراسات والبحوث الإسلامية.

بسم الله الرحمن الرحيم

تقديم السيد العلامة المحدث حسن بن علي السقاف

حسن بن علي بن هاشم بن أحمد بن علوي[1] بن أحمد بن عبد الرحمن السقاف

الحمد لله رب العالمين، والصلاة والسلام على سيدنا محمد وعلى آله الطيبين الطاهرين، ورضي الله عن أصحابه البررة المتقين، وعلى من حرص على اقتفاء الحق واتبع هدي النبي الأكرم صلى الله عليه وآله وسلم الذي جاء به إلى يوم الدين.

أما بعد: فقد كان من اللازم أن يتصدى بعض من يتقن البحث والتمحيص إلى بيان منهج السادة آل باعلوي في مسألة معاوية بن أبي سفيان وموقفهم من زمرة الطغيان الذين قال الله تعالى فيهم: ﴿فَمَن نَّكَثَ فَإِنَّمَا يَنكُثُ عَلَىٰ نَفْسِهِۦ﴾ [الفتح: 10]، والذين قال فيهم سيدنا رسول الله صلى الله عليه وآله وسلم: «عَمَّار تَقْتُلُهُ الفِئَةُ البَاغِيَةُ، يَدْعُوهُمْ إِلَى الجَنَّةِ وَيَدْعُونَهُ إِلَى النَّارِ» كما رواه البخاري في صحيحه. ونحن ندرك أن أفراد السادة العلويين مختلفين لاختلاف البيئات التي عاشوا فيها وتأثيرها عليهم، فمنهم من يعرف الحق ولا يوارب فيه، ومنهم مَنْ يعرف الحق ويسكت دون أن يبدي رأياً، ومنهم من يعرف الحق ويظهر خلافه طمعاً في مأرب أو خوفاً وخشية من شيء يحذره، ومنهم من هو في كفة كبار النواصب ينافح عن الباطل، ولا حول ولا قوة إلا بالله.

وعلى كل حال لا بد من بيان أن أصل القضية أن جدَّهم علي بن أبي طالب

---

(1) علوي هو شيخ السادة العلوية ومفتي الشافعية بمكة المحمية ت 1335هـ.

ومعه سيدنا الحسن والحسين سيدا شباب أهل الجنة لم يكونوا راضين عن معاوية وأذنابه وشيعته وأنصاره ليس هوى - فإنهم أجل من ذلك - وإنما لعلمهم بحقيقة حالهم وسوء أفعالهم.

ثم ظهر في العلويين أفذاذ وعلماء صنفوا وألَّفوا في بيان حال بني أمية ومعاوية وآخرهم في القرن الماضي السيد أبو بكر بن شهاب والسيد محمد بن عقيل والسيد علوي بن طاهر الحداد والسيد عبد الرحمن بن عبيد الله السقاف وغيرهم رضي الله عنهم ممن ذكر صاحب هذا الكتاب أسماءهم أبانوا المحجة وأظهروا الحجج والأدلة لكل عاقل وإن عارضهم من عارضهم، وأنا متأكد أن هناك غيرهم كثير لم تصلنا أقوالهم، وقد صنف بعضهم في نجاة سيدنا أبي طالب عم النبي رضي الله عنه ومنهم جدي مفتي الشافعية وشيخ السادة العلوية في مكة بيت الله الحرام السيد علوي بن أحمد بن عبد الرحمن السقاف رحمه الله تعالى المتوفى سنة (1335هـ).

ثم مما يجب أن يعلم القاصي والداني أن ما يدَّعيه بعضهم من قولهم: (هذا منهج سلفنا) أو (هذا منهجنا) أو (هذه طريقتنا) ليس من الحجج الشرعية، فهناك سلف من آل البيت يقولون بخلاف ذلك، وآل البيت لم ينحصروا في منطقة أو إقليم بحيث يجعلون قول أهل هذا الإقليم حجة دون قول غيرهم من الأقاليم! كيف ونفس علماء هذا الإقليم من أهل البيت مختلفون وغير متفقين، فالتهويل في ادعاء اتفاق أهل إقليم على شيء وأن اتفاقهم حجة أمر لا يرضاه الله تعالى ولا يعد في قواعد الشرع والأصول من الأدلة الشرعية!

ثم إن مذهب العامة أو المقلدين من المشايخ ليس أيضاً من الحجج الشرعية وإنما هو تعصب للمشايخ أو لبعض الآباء الذين لم تنجل لهم الحقائق، لأنهم غير معصومين! وأما ادعاء الكشف والمعرفة وأنهم رأوا النبي صلى الله عليه وآله وسلم في الرؤيا فأيد مقالتهم فشنشنة من أخزم ومما لا قيمة له في ميزان الشرع!

ثم إننا نرى في العادة أن الذين يدافعون عن معاوية ويحتجون بالحجج الواهية لا يعرفون الأدلة ولا يقتدرون على معرفة صحيحها من عليلها ومردودها، وعادة نجد الراسخين في العلم يعرفون هذه المسألة ولا يتعصبون، بينما نجد مقلدة المشايخ يتعصبون دون فهم للقضية ويدعون دعاوٍ يحاولون بها أن ينصروا أهواءهم إما جهلاً أو لعوامل أخرى ويحرِّضون العامة ويستعملونهم سلاحاً للطعن في الأفذاذ من أهل العلم والأكابر! ويزعمون أن مخالفيهم تركوا مذهب أسلافهم! قال تعالى: ﴿ بَلْ قَالُوٓاْ إِنَّا وَجَدْنَآ ءَابَآءَنَا عَلَىٰٓ أُمَّةٍ وَإِنَّا عَلَىٰٓ ءَاثَٰرِهِم مُّهْتَدُونَ ٢٢﴾ [الزخرف:22]. وقال تعالى: ﴿وَإِذَا قِيلَ لَهُمْ تَعَالَوْاْ إِلَىٰ مَآ أَنزَلَ ٱللَّهُ وَإِلَى ٱلرَّسُولِ قَالُواْ حَسْبُنَا مَا وَجَدْنَا عَلَيْهِ ءَابَآءَنَآ﴾ [المائدة:104]، وقال تعالى: ﴿ قَالُوٓاْ أَجِئْتَنَا لِتَلْفِتَنَا عَمَّا وَجَدْنَا عَلَيْهِ ءَابَآءَنَا وَتَكُونَ لَكُمَا ٱلْكِبْرِيَآءُ فِى ٱلْأَرْضِ وَمَا نَحْنُ لَكُمَا بِمُؤْمِنِينَ ٧٨﴾ [يونس:78].

وقد كتبت في هذا الموضوع عدة رسائل منها: «زهر الريحان في معاوية بن أبي سفيان» «وأقوال الرسول الأعظم وأصحابه الكرام في معاوية بن أبي سفيان» وكتاب «نقد كتاب تطهير الجنان واللسان لابن حجر الهيتمي»، وتعليقات ومقالات عديدة زاخرة بالحجج والبراهين والأدلة من الكتاب الكريم والسنة الصحيحة وأقوال أئمة من أهل العلم!

وقد فرحت أيما فرح بهذا الكتاب «البيان لموقف السادة آل باعلوي من معاوية بن أبي سفيان» جزى الله تعالى مؤلفها ومن قام على جمعها وإعدادها خير الجزاء، وجدت فيها أقوالاً بديعة لجماعة من أكابر سادتنا آل باعلوي رحمهم الله تعالى بينوا فيها موقفهم من معاوية ومشايعيه بعضهم صراحة وبعضهم كناية وتورية وبعضهم في حالات كشفت عن حقيقة ما كانوا يضمرون في أنفسهم، جزاهم الله تعالى خير الجزاء، ونحن لا نعرف الظروف التي كانت محيطة بهم وبغيرهم حيث منعتهم من التصريح واكتفوا بالتورية وكذلك ما الذي منع غيرهم من الإيضاح والبيان من ضغوطات الأحوال، ولقد التقيت أيضاً في

الزمن الخالي بجماعة من العلماء من أهل السنة والجماعة وقالوا لي في خلوات معهم نحن نقول في قلوبنا ونعتقد ما قلته أنت في معاوية ورهطه ولكننا لا نستطيع أن نبوح بذلك لأسباب! ومنهم الشيخ محمد سعيد رمضان البوطي، وغيره ممن لا أود الآن أن أكشف أو أبين أسماءهم والله على ما أقول وكيل!

فكتاب «البيان» هذا مفيد جداً في كشف أقوال هؤلاء السادة الأخيار يطلعنا ويطلع طلبة العلم على أمور وخفايا تكشف من قبل ومكاتبات ورسائل ومؤلفات وكلمات نقلت عن بعض السادة الكرام!

لإن إصرار بعض المتعصبين على المنافحة عن الطغاة والبغاة والخوف من بعض العامة المتعصبين وعدم بيان الحقيقة لن يجدي نفعاً ولن يجعل الحقيقة مدفونة على الدوام.

وإتماماً للفائدة أبين أن ما جاء في هذا الكتاب وما نقل عن هؤلاء السادة الكرام المذكورين في هذا الكتاب هنا ليس مخالفاً لما نقل أيضاً عن أكابر وأئمة من علماء أهل السنة والجماعة ورواة الأحاديث والأخبار والآثار المنافرة لمعاوية وبني أمية والذامة لهم، وأعرض نماذج قليلة من ذلك فأقول:

قال الحافظ ابن حجر[2]:

«وقد ورد في فضل معاوية أحاديث كثيرة لكن ليس فيها ما يصح من طريق الإسناد وبذلك جزم إسحاق بن راهويه والنسائي وغيرهما».

وقال سيدنا الشريف الإمام عبدالله ابن الصديق الغماري الحسني في الجزء الثالث من (فتاواه) ص (32):

«ومعاوية أسهم في قتل الحسن عليه السلام لأنه كان يريد أن ينفرد بالملك ويجعله وراثة في بني أمية، وهو من مسلمة الفتح الطلقاء، ومسلمة الفتح نوعان:

---

(2) فتح الباري: (7/ 104).

نوع حسن إسلامه فكان صحابياً فاضلاً مثل حكيم بن حزام وعَتَّاب بن أَسِيد، ونوع لم يحسن إسلامه مثل معاوية وأبيه وبسر بن أرطأة السفاك عامل معاوية على اليمن، وليس كل صحابي فاضلاً بل فيهم منحرفون عن الجادة مثل سمرة ابن جندب والمغيرة بن شعبة وعمرو بن العاص وجرير بن عبد الله البجلي ورئيسهم معاوية الباغي بنص الحديث».

وهناك كلام كثير للسيد عبدالله ابن الصديق وسيدي الحافظ أحمد ابن الصديق الغماري رحمهم الله تعالى وخاصة في كتابه «جؤنة العطار» في كشف حال معاوية وذمه.

ومثلهم من أئمة أهل السنة والجماعة أساطين قالوا مثل ذلك في معاوية فما هؤلاء القوم لا يكادون يفقهون حديثاً؟!

قال الحافظ ابن حجر العسقلاني الشافعي(3) عن حديث هناك:

«فهو وإن كان إسناده صحيحاً لكن عبد الله بن عمرو كان يأخذ عن الإسرائيليات».

وقال الذهبي(4): «فيه قليل تشيع وانحراف عن خصوم الإمام عليٍّ كمعاوية وعمرو».

مع أن النسائي ليس من الشيعة ولا هو من مراجع الشيعة بل هو من أعمدة أهل السنة.

وذكر الذهبي(5): «أن النَّسائي خرج من مصر في آخر عمره إلى دمشق؛ فسئل بها عن معاوية؟ وما جاء في فضائله؟ فقال: ألا يرضى رأساً برأس حتى يُفَضَّل؟!

---

(3) التلخيص الحبير (4/ 154).

(4) سير أعلام النبلاء (14/ 133) في ترجمة الإمام النسائي.

(5) سير أعلام النبلاء (14/ 132).

قال: فما زالوا يدفعون في خصيتيه حتى أُخْرِجَ من المسجد،... قال الدارقطني: خرج حاجاً فامْتُحِنَ بدمشق وأدرك الشهادة».

والإمام عبد الرزاق صاحب المصنف وهو من شيوخ أحمد بن حنبل ومن أئمة أهل السنة والجماعة توفي سنة (211هـ) قال الذهبي[6] قال عبد الرزاق لرجل:

«لا تقذِّر مجلسنا بذكر ابن أبي سفيان».

وأبو غسان النهدي الكوفي وأئمة الحفاظ والمحدثين الكوفيين من شيوخ البخاري وأبي زُرْعة وأبي حاتم وطبقتهم يذمون معاوية:

أورد الذهبي[7] في ترجمة أبي غسان النهدي وهو من رجال الستة قال:

«قال أبو أحمد الحاكم: حدثنا الحسين الغازي قال: سألت البخاري عن أبي غسان قال: وعمَّاذا تسأل؟ قلت: التشيع. فقال: هو على مذهب أهل بلده ولو رأيتم عبيدالله بن موسى، وأبا نُعَيم وجماعة مشايخنا الكوفيين لما سألتمونا عن أبي غسان. قلت (أي الذهبي): وقد كان أبو نُعَيم وعبيد الله مُعَظِّمَين لأبي بكر وعمر، وإنما ينالان من معاوية وذويه» انتهى كلام الذهبي.

والمراد بالتشيع هنا هو (حب سيدنا علي رضي الله عنه وآل بيت الرسول وبغض معاوية وذويه).

وأما عبيد الله بن موسى: فلم يَدَعْ أحداً اسمه معاوية يدخل بيته ولا كان يحدث قوماً فيهم مَنْ اسمه معاوية كما في ترجمته[8].

(6) سير أعلام النبلاء (9/ 570).

(7) سير أعلام النبلاء (10/ 432).

(8) سير أعلام النبلاء (9/ 556-557).

وفي كتاب «نفح الطيب»[9] في ترجمة الحافظ المفسر إمام اللغة أبي حيان صاحب تفسير «البحر المحيط» ما نصه:

«برع في النحو، وانتهت إليه الرئاسة والمشيخة فيه، وكان خالياً من الفلسفة والاعتزال والتّجسيم، وكان أولاً يعتقد في الشيخ تقي الدين ابن تيمية وامتدحه بقصيدة، ثم إنّه انحرف عنه لما وقف على كتاب العرش له، قال الفاضل كما الدين الأدفوي: وجرى على مذهب كثير من النحويين في تعصبه للإمام علي بن أبي طالب رضي الله تعالى عنه التعصب المتين، قال: حكي لي أنّه قال لقاضي القضاة بدر الدين بن جماعة: إن عليّاً رضي الله تعالى عنه عهد إليه النبيّ صلى الله عليه وسلّم أن لا يحبّك إلا مؤمن ولا يبغضك إلا منافق، أتراه ما صدق في هذا فقال: صدق، قال فقلت له: فالذين سلّوا السيوف في وجهه يبغضوه أو يحبّونه أو غير ذلك؟!».

وكل ذلك يهدم كلام المعترضين بالباطل!

ومن نماذج ذلك أيضاً: الإمام الحجة علي بن الجعد شيخ البخاري الذي يروي عنه في صحيحه وهو الذي أحاط علمه بثلاثمائة ألف حديث، يقول بأن معاوية مات على غير ملة الإسلام:

قال الذهبي: علي بن الجعد بن عبيد، الإمام الحافظ الحجة، مسند بغداد، أبو الحسن البغدادي الجوهري مولى بني هاشم. «سير أعلام النبلاء للذهبي».

وقال محمد بن حماد: سألت يحيى بن معين، عن علي بن الجعد، فقال: ثقة، صدوق... وقال الإمام النسائي: صدوق.

كما في تاريخ بغداد للخطيب البغدادي.

وقال أبو حاتم في الجرح والتعديل: كان متقناً صدوقاً، لم أر من المحدثين من

---

(9) (2/542).

يحفظ ويأتي بالحديث على لفظ واحد لا يغيره سوى علي بن الجعد.

وقال ابن عدي: ولم أر في رواياته إذا حدث عن ثقة حديثاً منكراً فيما ذكره، والبخاري مع شدة استقصائه يروي في صحاحه.

قال علي بن الجعد: مات والله معاوية على غير الإسلام (مسائل الإمام أحمد ابن حنبل رواية: إسحاق بن إبراهيم بن هانئ النيسابوري بسندٍ صحيح).

فهذا ما أحببت قوله في هذه المقدمة وجزى الله من قام بتأليف وجمع هذا الكتاب خير الجزاء على هذا العمل القيم، والله تعالى يسدده ويوفقه لكل خير.

والله تعالى يقول الحق وهو يهدي السبيل.

وكتبه حسن بن علي السقاف عفا الله تعالى عنه.

4 شعبان 1444هـ.

تقريظ السيد العلامة د. محمد سقاف الكاف

بسم الله الرحمن الرحيم

الحمد لله رب العالمين والصلاة والسلام على سيد الخلق أجمعين وآل بيته الطيبين الطاهرين واللعنة الدائمة على اعدائهم اجمعين من الأولين والآخرين.

لقد حباني الأخ الحبيب وابن عمنا العزيز السيد الموفق حسن بن صالح الكاف بكتابه الموسوم (البيان لموقف السادة آل باعلوي من معاوية بن ابي سفيان).

وقد استمتعت بمطالعته مع ما فيه من المصطلحات القائمة في ذهن الكاتب والتي تفتقد للمصداق المتسالم عليها في الخارج وأهمها (الإمامة) ونسبة أئمة من آل باعلوي!!! سواء أئمة في الدين!!! أو أئمة طريقة!!! وفي الحقيقة ان المذكور لهم هذا المنصب رحمة الله عليهم هم مأمومون مقلدون سواء كان تقليدهم الطرقي (الصوفي) أو تقليدهم العقدي أو الفقهي فهم على المشهور (أشعرية/ الغزالية / شافعية / حجرية) ومن الأولى أن يصطلح عليهم بالعلماء أو الأعلام لتوافق المصطلح.

وحقيقة البحث قديم من حيث الموضوع حديث من ناحية الخوض وجمع جزئياته ولملمة أشتاته ودورانها في مدارين أساسيان وهما:

1 - التبري من معاوية وحزبه حكم لعنهم.

2 -موقف السادة آل باعلوي من هذه القضية. ونجد أن التطرق لهذه المواضيع شائك في حد ذاتها لما ذاع وشاع لدى أتباع الفكر الأموي الناصبي (من أن معاوية هو عتبة الصحابة وسدة مدخل مقامهم).

ومن أشهر تلك المقالات الناصبة المنافية لدلالات الشرع الشريف من كتاب

وسنة وواقع وجداني محسوس مباين للعقل السوي السليم ولحقائق سيرة معاوية وأفعاله:

1 - أن غباراً دخل في خياشيم فرس معاوية أفضل من ألف عمر بن عبد العزيز.

2 -معاوية ستر أصحاب محمد صلى الله عليه واله وسلم فإذا كشف الرجل الستر اجترأ على ما وراءه.

3 -معاوية بمنزلة حلقة الباب من حركه اتهمناء على من فوقه.

4 - معاوية محنة فمن رأيناه ينظر إليه شزراً اتهمناه على الصحابة.

ناهيك برواية الأحاديث والأخبار الموضوعة الكاذبة والاستشهاد والاحتجاج بها مما يظهر حمق المحتج وسخافة عقله وممن أظهر هذا المنهج الأحمق المجاني للحق الأبلج والحجة البالغة متبوع شافعية حضرموت ومعتمد فقههم وتقليدهم!!!! الشيخ أحمد بن حجر الهيتمي المكي في مصنفه (تطهير الجنان واللسان عن الخوض والتفوه بثلب معاوية ابن أبي سفيان) وقد علق عليه شيخنا وأستاذنا العلامة المحدث السيد حسن بن علي السقاف حفظه الله ووصفه العلامة المحقق السيد أبي بكر بن عبدالرحمن بن شهاب الدين بقوله:

لا تنكروا جمع تطهير الجنان ولا … مدحاً به كذباً فيمن بغي وفجر
فإنما طينة الشيخين واحدة … ذاك بن صخر وهذا المادح ابن حجر

ثم تابع هذا الحزب أقواماً من بني قومنا (السادة آل باعلوي الحسينيين) ونتوقف كثيراً عند الدوافع الباعثة للقول بهذه المقالات في مدح أعداء الله وأعداء رسوله صلى الله عليه وآله وأعداء ولي المؤمنين علي صلوات الله عليه فهل هو التقليد؟!!! أو النصب؟!!! أو الخوف من التهمة بالتشيع.

بل جدوا في شن حرب التبري غير المبرر وغير العلمي على من قدم أبحاثاً

رصينة في الباب وأشهرهم العلامة البحاثة المحقق السيد محمد بن عقيل بن يحيى في مجمل كتبه وأهمها وأشهرها على الإطلاق النصائح الكافية فيمن تولى معاوية ومن ثم كتابات وقصائد شيخه العلامة أبو بكر بن شهاب الدين فكانوا شموساً علمية مشرقة في سماء أسرتهم بل وفي سماء الإنصاف والتحقيق العلمي المستند إلى الدليل الشرعي والعقلي بعيداً عن الهوى والتقليد الأعمى، ولهم العديد من الموافقين سواء بالمعاصرة أو ملحق أو بالطبع سلف وأبرز السلف في الباب محرزاً ومحققاً هو إجماع العترة الطاهرة على البراءة من معاوية وأضرابه من أعداء الله وأعداء الإمام علي عليه السلام.

ومن الفوائد التي سمعتها من شيخنا الوالد العلامة السيد حامد بن أبي بكر المحضار رحمة الله عليه (من تكلم في فضائل آل البيت أو فضائل الإمام علي عليه السلام أشهروا عليه سيفاً مسلطا، وهو سيف التشيع لينبذوا المتكلم ويسقطوا قوله).

ونجد فئة لا يعرف لها منهج أو مبنى تشنشن وترغي وتزيد باسم السلف تلوك جنابهم بأفواههم وحولهم مجموعة من الغوغاء أو المبرسمين أنهم لا يتكلمون في الصحابة ويعنون بالصحابة في متصور خيالهم السقيم (أعداء آل محمد عليهم السلام) وبالطبع ظهوراً وجلاء أن ابن هند أبرزهم وأجلاهم بلا فصل أو منازع بل أصبحت مجاميع من هذه الشاكلة يستنكرون لعن يزيد!!! لعنه الله ولا أعلم أهذا عن جهل أم نصب؟!!!

فكان للكتاب هذا قيمة حقيقية للتعريف الخلف ببعض مقالات السلف بل السلف القريب (آل باعلوي) لا سلف العترة وأئمتها وعلمائها في السابق واللاحق إذ هم العمدة وعليهم المعول لأنهم أهل اجتهاد ونظر لا أهل تقليد وشنشنة. وكان المؤلف عانى من تلك الفئة المشنشنة الناصبة بالزور للسلف من آل باعلوي مالم يقولوا ويهرفون بما لا يعرفون عنهم كذبًا محضًا وافتراءً صراحًا.

وبالموضوعية المجردة لما يخص إمام الفئة الباغية فإن الإمام أمير المؤمنين علي

ابن أبي طالب عليه السلام هو المبتلى بمعاوية وأضرابه من النواصب، وابتليت الأمة بولايته وأتباعه، ولذلك قال صلى الله عليه وآله في حديث الثقلين المتواتر (فانظروا كيف تخلفوني فيهما؟!!) فبئس الخلافة خلفوا النبي صلى الله عليه وآله فهجروا عدل الكتاب ووالوا عدوهم. عرّفنا الله الحق حقًا ورزقنا اتباعه وعرفنا الباطل ورزقنا اجتنابه.

أما الشق الثاني في الموضوع وهو ما يخص السادة آل باعلوي الحسينيون فهم من ذرية نفس المصطفى صلوات الله عليهم ومن فرع الدوحة العلوية فمن المفترض الأولي هو برهم بآبائهم الأطهار خاصة الإمام علي والحسنان صلوات الله عليهم فيكونون سلمًا لمن سالمهم وحربًا على من حاربهم، موالين لأوليائهم معادين لعدوهم. فهذا هو الأصل بدليل البراءة الأصلية ومظهر الإيمان بل المنحى الشرعي والتوجه العاطفي. وإن عرف خلاف عن ذلك فقطعًا هو شاذ ولا يصدر إلا ممن انتكست فطرته وطمس على عقله وأصبح ممن تقمص البشرية ثوبا والبهيمية جوهرًا.

ومن حصرهم الكتاب وحام حولهم لإظهار أقوالهم فهم من تكلموا أو حكيت لهم مقالات وإلا المفترض أن التوجه والمنهجية واحدة ولا عبرة بالشاذ ويصدق فيه مقالة

إذا العلوي تابع ناصبياً ... بمذهبه فما هو من أبيه
وكان الكلب خيراً منه طبعاً ... لأن الكلب طبع أبيه فيه

ولا شك أن هذا الكتاب جهداً جليلًا مشكوراً من مؤلفه حفظه الله وزاده علماً وتوفيقاً وتسديداً بتسليطه الضوء وإبراز المقالات والأشعار الصادرة من أعلام هذه الأسرة المباركة بقلم شجاع وتوجه المقدام الخائض عباب الطوفان الجارف غير عابئ باتهام المتهمين أو شنشنة الهارفين الذين تجرأوا بالزور على مقامات أولياء الله ومتابعة أعداء الله غير عابئين بوعيد الله ﴿لَآ إِكۡرَاهَ فِي ٱلدِّينِۖ قَد

تَّبَيَّنَ ٱلرُّشۡدُ مِنَ ٱلۡغَيِّۚ فَمَن يَكۡفُرۡ بِٱلطَّٰغُوتِ وَيُؤۡمِنۢ بِٱللَّهِ فَقَدِ ٱسۡتَمۡسَكَ بِٱلۡعُرۡوَةِ ٱلۡوُثۡقَىٰ لَا ٱنفِصَامَ لَهَاۗ وَٱللَّهُ سَمِيعٌ عَلِيمٌ ﴿٢٥٦﴾ ٱللَّهُ وَلِيُّ ٱلَّذِينَ ءَامَنُواْ يُخۡرِجُهُم مِّنَ ٱلظُّلُمَٰتِ إِلَى ٱلنُّورِۖ وَٱلَّذِينَ كَفَرُوٓاْ أَوۡلِيَآؤُهُمُ ٱلطَّٰغُوتُ يُخۡرِجُونَهُم مِّنَ ٱلنُّورِ إِلَى ٱلظُّلُمَٰتِۗ أُوْلَٰٓئِكَ أَصۡحَٰبُ ٱلنَّارِۖ هُمۡ فِيهَا خَٰلِدُونَ ﴿٢٥٧﴾﴾ [البقرة: 256-257].

كتبه

محمد بن سقاف الكاف

عضو الهيئة العليا للإفتاء

الجمهورية اليمنية تحريرًا في الخميس 21/ 1/ 1444هـ.

تقريظ العلامة المحدث د. محمود سعيد ممدوح

بسم الله الرحمن الرحيم

الحمد لله والصلاة والسلام على سيدنا رسول الله وآله ومن والاه وبعد.

1 - فإن معاوية بن أبي سفيان بن صخر بن حرب بن أمية بن عبد شمس الأموي، من أخباره أنه من مسلمة الفتح الذين أسلموا بعد عناد، ولما كان إسلام هؤلاء رخوا ضعيفا ليس كإسلام المهاجرين والأنصار رضي الله عنهم، فإن النبي صلى الله عليه وآله وسلم، كان يتألفهم، وكان معاوية بن أبي سفيان من المؤلفة قلوبهم.

ففي «الدرر في اختصار المغازي والسير» (ص231): «ولم يختلف أهل السير وغيرهم أن رسول الله صلى الله عليه وآله وسلم أعطى المؤلفة قلوبهم».

...، فأعطى أبا سفيان بن حرب مائة بعير، وأعطى ابنه معاوية مائة بعير». وانظر «تاريخ الطبري» (3/ 90).

3- ولما وقعت الفتنة بسبب التزوير الأموي على عثمان بن عفان بن أبي العاص بن أمية بن عبد شمس الأموي، وأحاط بعثمان بن عفان جماعة من الصحابة والتابعين، كان معاوية بن أبي سفيان بالشام، ولم يقدم عونا ولا مساعدة، ولا سعى في منع النزاع مع اقتراحاته.

3- ونازع الإمام علي بن أبي طالب عليه السلام وبغى عليه، وارتكب العظائم، من البغي، والقتل، والسب، وشق عصا المسلمين.

أما البغي فظاهر.

وأما القتل فقتل في صفين ومابعدها طائفة عظيمة من الصحابة البدريين، والرضوانيين، وغيرهم من الصحابة والتابعين.

وحق عليه قوله تعالى: ﴿وَمَن يَقْتُلْ مُؤْمِنًا مُّتَعَمِّدًا فَجَزَآؤُهُۥ جَهَنَّمُ خَٰلِدًا فِيهَا وَغَضِبَ ٱللَّهُ عَلَيْهِ وَلَعَنَهُۥ وَأَعَدَّ لَهُۥ عَذَابًا عَظِيمًا ﴿٩٣﴾﴾ [النساء: 93]، فكل هذه الاستحقاقات الشرعية هي جزاؤه، ولا يوجد دليل مانع منها.

الحديث المتواتر: «ويحَ عمَّارٍ تقتلُه الفئةُ الباغيةُ يدعوهُم إلى الجنَّةِ ويدعونَه إلى النَّارِ».

و الحديث أفاد:

أ- أنَّ فئة عمَّار على الحقِّ، وهم دُعاةٌ إلى الجنَّة.

ب- أنَّ فئةَ معاويةَ على الباطل وهمْ دعاةٌ إلى النَّار.

4 - وقد أبان عمار بن ياسر رضي الله عنه عن الحكم الشرعي في هؤلاء البغاة الدعاة للنار:

ففي مصنف ابن أبي شيبة (رقم 38994) قال عمار رضي الله عنه : «إنهم على الضلالة».

وفيه (رقم 38996) قال عمار رضي الله عنه: «لكنهم قوم مفتونون، جاروا عن الحق».

وفيه (رقم 38998) قال عمار رضي الله عنه : «فسقوا وظلموا»، أي أهل الشام.

5- وقال العلامة أبو بكر الرَّازيِّ الجصَّاص رحمه الله تعالى من أكابر الحنفيَّة الخالصة، من «تفسيره»، (5/ 280-281):

«قاتل عليٌّ بن أبي طالب عليه السلام الفئةَ الباغية بالسَّيف ومعه من كبراء

الصَّحابة وأهل بدر، من قد عُلِمَ مكانُهم وكان محقًّا في قتاله لهم، لم يخالفْ فيه أحدٌ إلَّا الفئةُ الباغيةُ التي قابلتْه وأتباعُها، وقال النَّبيُّ صلى الله عليه وآله وسلم: «تقتُلكَ الفئةُ الباغيةُ» وهذا خبر مقبول من طريق التواتر، حتى أنَّ معاوية لم يقدرْ على جحدِه لما قال له عبدُالله بن عمرو فقال: «إنَّما قتله منْ جاء به فطرحه بين أسنَّتِنا» رواه أهل الكوفة وأهلُ البصرة وأهلُ الحجاز وأهلُ الشَّام، وهو علمٌ منْ أعلام النبوَّة؛ لأنَّه خبرٌ عن غيب لا يُعلمُ إلَّا من جهة علَّام الغيوب».

6- وأهل السُّنَّة من الماتريدية والأشاعرة والمحدِّثين اتفقوا على أنَّ معاويةَ وجماعتَه من أهل البغيِ.

وإذا كان الأمر كذلك ففي «المبسوط» للسَّرخسيِّ (10/ 255): «ولا يصلَّى على قتلى أهل البغيِ ولا يُغسَّلون أيضًا ولكنَّهم يُدفنون لإماطة الأذى هكذا رُوِيَ عن عليٍّ عليه السلام أنَّه لم يصلِّ على أهل النهروان؛ ولأنَّ الصَّلاة عليهم للدُّعاء لهم والاستغفار قال الله تعالى: وصل عليهم إن صلاتك سكن لهم، وقد منعنا من ذلكَ في حقِّ أهل البغي، ولأنَّ القيام بغسلهم والصَّلاة عليهم نوع موالاة معهم، والعادل ممنوعٌ من الموالاة مع أهل البَغي في حياة الباغي فكذلك بعد وفاته».

وانظر: «المبسوط» (10/ 224) ففيه تأكيد وبيان.

7- ومع هذه النصوص الصريحة المتواترة فإن علي بن أبي طالب عليه السلام مولى المؤمنين يجب نصرته، وهو الذي أذهب الله عنه الرجس وطهره تطهيرا، وكان معه الحسن والحسين عليهما السلام، والثلاثة هم الثقل الثاني الذي لا يفلرق الكتاب، وإجماعهم حجة، فالصواب حليفهم، والقول قولهم.

8- من شنائع البغاة الظالمين «الغارات الآثمة».

ومن شنائع ابن هند إرساله الغارات على بلاد المسلمين، وإعمال القتل في أهل الحق.

ومن أهل الغارات الطاغية بُسْر بن أرطاةَ فإن معاوية فرق بعضًا من جيشه في أطراف بلاد المسلمين، فمزَّقت الأمة وقتلت الكبير والصغير، وسبَوْا بعض النساء المؤمنات.

وهذه «الغارات»، ذكرتْ في عدد من كتب الحديث والتاريخ المسندة وغير المسندة.

وفي «الثقات» لا بن حبان، في أحداث السنة التاسعة والثلاثين (2/ 299): «بعث معاوية بُسْر بنَ أرطاةَ أحدَ بني عامر بن لؤي في جيش من أهل الشام إلى المدينة وعليها أبو أيوب الأنصاريُّ فهرب منه أبو أيوب ولحق عليًّا بالكوفة ولم يقاتلْه أحد بالمدينة حتى دخلها فصعِد منبر رسول الله صلى الله عليه وآله وسلم، وجعل ينادي يا أهل المدينة والله لولا ما عهد إلى أمير المؤمنين معاوية ما تركت فيها محتلما إلا قتلتُه فبايعَ أهل المدينة معاوية.

وأرسل إلى بني سلمة ما لكم عندي أمان حتى تأتوني بجابر بن عبد الله فدخل جابر بن عبد الله على أمِّ سلمة وقال: يا أماه إني خشيت على دمي وهذه بيعةُ ضلالة، فقالت: أرى أن تبايع فخرج جابر بن عبد الله فبايعَ بُسْرَ بن أرطاة لمعاوية كارهًا ثم خرج بسرٌ حتى أتى مكة فخافه أبو موسى الأشعريُّ وكان والي مكة لعليٍّ وتنحى عن مكة حتى دخلها.

ثم مضى إلى اليمن، وعليها عبيد الله بن عباس بن عبد المطلب عامل عليٍّ فلما سمع به عبيد الله هرب واستخلف على اليمن عبدَ الله بن عبد المدان وكانت ابنته تحت عبيد الله بن عباس، فلما قدم بُسرٌ اليمن قتل عبد الله بن عبد المدان وأخذ ابنين لعبيد الله بن عباس بن عبد المطلب من أحسن الصبيان صغيرين كأنهما دُرَّتان ففعل بهما ما فعل» انتهى كلام ابنُ حبان.

قلت: يعني قتلهما كما في مصادر أخرى.

وفي «التاريخ الكبير» للبخاريِّ (1/ 86): «قال سعيد بن يحيى بن سعيد، عن زياد، عن ابن اسحاق:

بعث معاوية بُسْر بن أرطاة سنة سبع وثلاثين فقدم المدينة فبايع، ثم انطلق إلى مكة واليمن، فقتل عبد الرحمن، وقُثَم وعبيد الله ابني عباس».

9- من شنائع ابن هند سبِّ ولعْن أمير المؤمنين عليه السلام:

أ- ففي مصنف ابن أبي شيبة (رقم: 32741) عن سعدٍ رضي الله عنه قال: «قدم معاويةُ في بعض حجَّاتِه، فأتاهُ سعدٌ فذكروا عليًّا، فنال منه معاويةُ فغضبَ سعدٌ...» الحديث.

فلماذا لا يعضب منْ يدَّعي حبَّ الصَّحابةِ؟

ب - وفيه (رقم: 32609): «أنَّ سعيدَ بن زيدٍ رضي الله عنه دخل على المغيرة بن شعبةَ -عاملِ معاوية على الكوفة- فبينا هو على ذلك، إذ دخل رجلٌ من أهلِ الكوفة يُدعى قيس بن علقمة فسبَّ وسبَّ فقال له المدنيُّ -يعني سعيد ابن زيدٍ-: يا مغيرُ بن شعب من يسبُّ هذا السَّاب؟ قال: يسبُّ عليَّ بن أبي طالب، قال له مرتين: يا مغير بن شعب، يا مغير بن شعب ألا أسمع أصحاب رسول الله صلى الله عليه وآله وسلم يُسبُّون عندك لا تنكر ولا تتغيَّر...» الحديث.

فيا من تدَّعي محبَّة الصَّحابة لماذا لا تنكر ولا تتغيَّر؟

هل سبُّ عليٍّ عليه السلام جائز؟

ج- ومنه ما أخرجه ابن أبي شيبة في «المصنف» (رقم 12111): «حدَّثنا وكيع، عن مسعر، عن أبي أيوب مولى بني ثعلبة، عن قطبة بن مالك، قال: سبَّ أميرٌ من الأمراء عليًّا فقام إليه زيد بن أرقم فقال: أما إني قد علمت أن رسول الله صلى الله عليه وآله وسلم قد نهى عن سبِّ الموتى فلم تسبُّ عليًّا وقد مات؟!

هنا نقف ونسأل: من هذا الأمير الذي سبَّ عليًّا عليه السلام؟

وهل من عمل الأمراء سبُّ عليٍّ عليه السلام؟

ولابد أنه كان يفعل هذه الجريمة استجابة لأمر أصحاب البلاط السفياني بالشام فهم الذين تولَّوا إشاعة هذه الجريمة ودعوا إليها.

هذا الأمير كان يسبُّ عليًّا عليه السلام في الكوفة بين أصحابه! ومعنى هذا قوة الضغط والإذلال لأهل الكوفة وهم شيعة عليٍّ عليه السلام، وهذه الجريمة ليست عابرةً، فقد أحدثت فِتنًا، كما حدث لحُجر بن عديٍّ وأصحابه الشهداء رضي الله عنهم الذين قتلهم معاوية.

د- وفيه (رقم: 32785): حدَّثنا جعفرُ بن عونٍ قال: حدَّثنا شقيقُ بن أبي عبدالله قال: حدَّثنا أبو بكر بن خالد بن عرفطةَ قال: «أتيتُ سعدَ بن مالك بالمدينة فقال: ذكر لي أنكم تسبُّون عليًّا؟ قال: قد فعلنا، قال: فلعلَّكَ قد سببته قال: قلتُ: معاذَ الله... » الأثر.

وفي رواية أبي يعلى في «مسنده» (رقم: 777) قال سعدُ بن مالكٍ: «بلغني أنَّكم تعرضُون عن سبِّ عليٍّ بالكوفةِ». وهو في «المختارة» رقم (1077).

هـ- وفي ابن أبي شيبة (رقم: 32766): حدثنا محمد بن مصعب عن الأوزاعي عن شداد أبي عمار قال:

«دخلت على واثلة وعنده قوم فذكروا عليًّا فشتموه فشتمه معهم فقال: ألا أخبرك بما سمعت من رسول الله صلى الله عليه وآله وسلم؟ قلت: بلى. قال: أتيت فاطمة أسألها عن عليٍّ، فقالتْ: توجَّه إلى رسول الله صلى الله عليه وآله وسلم فجلس فجاء رسول الله صلى الله عليه وآله وسلم ومعه عليٌّ وحسن وحسين كلُّ واحد منهما آخذ بيده حتى دخل فأدنى عليًّا وفاطمة فأجلسهما بين يديه؛ وأجلس حسنًا وحسينًا كل واحد منهما على فخذِه ثم لفَّ عليهم ثوبه أو

قال: كساءه ثم تلا هذه الآية: ﴿إِنَّمَا يُرِيدُ ٱللَّهُ لِيُذْهِبَ عَنكُمُ ٱلرِّجْسَ أَهْلَ ٱلْبَيْتِ وَيُطَهِّرَكُمْ تَطْهِيرًا ﴿٣٣﴾﴾ [الأحزاب: ٣٣]، ثم قال: «اللهمَّ هؤلاءِ أهلُ بيتي وأهلُ بيتي أحقُّ».

و- وفي «فضائل الصحابة» لأحمدَ بن حنبل (رقم: 978): حدَّثنا عبدالله قال: حدَّثني أبي: نا محمَّد بن مصعب، وهو القرقسانيُّ: ثنا الأوزاعيُّ، عن شدَّاد أبي عمار قال: «دخلتُ على واثلةَ بن الأسقع وعنده قوم، فذكروا عليًّا فشتمُوه، فشتمته معهم...» الحديث

قلت: شداد هو ابن عبدالله القرشيُّ الأمويُّ الشَّاميُّ أبو عمَّار مولى معاويةَ ابن أبي سفيان له ترجمة في «التقريب» (رقم: 2756) وقال: «ثقةٌ يرسلُ»، وذكره ابنُ حبَّانَ في «مشاهير علماءِ الأمصار» (ص:187، رقم:890).

وأسترجعُ وأستغفرُ لأجل توثيق وذكرِ هذا النَّاصبيِّ الفاسق في مشاهير العلماء؛ وقد قال رسول الله صلى الله عليه وآله وسلم: «سِبابُ المؤمنِ فسوقٌ...» الحديث، ولو كان التطاول أو السبُّ للشَّيخينِ أو أحدِهما رضي الله تعالى عنهما لاتُّهم الرجلُ بالزندقة والرفض وأُبعد وكُذِّب ورُميَ بكلِّ نقيصةٍ.

إنَّ قضية سبِّ أمير المؤمنين علي عليه السلام ومن معه، من أشهر القضايا الثَّابتة في تاريخ الدولة الأموية، وكثيرون ممن سقطوا في الدِّفاع عن ابن هند يقرون حدوث هذه الجريمة البَشعة، واستمرار اللَّعن لأمير المؤمنين عشرات السِّنين، فلا معنى مع حدوث هذه الجريمة وغيرها الإصرار على التَّرضي على معاوية، والصَّوابُ محاداة مَنْ سبَّ عليًّا ومعاداته، وقد صحَّ أنَّ النَّبيَّ صلى الله عليه وآله وسلم قال: «منْ سبَّ عليًّا فقد سَبَّني».

ز- وفي «مصنَّف ابن أبي شيبة» (رقم 32776): حدثنا عبد الله بن نمير، عن فطر، عن أبي إسحاق، عن أبي عبد الله الجدلي قال: قالت لي أم سلمة:

«يا أبا عبد الله أيسبُّ رسول الله صلى الله عليه وآله وسلم فيكم ثم لا

تغيرون؟» قال: قلت: ومن يسبُّ رسول الله صلى الله عليه وآله وسلم قالت: «يسبُّ عليٌّ ومن يحبُّه وقد كان رسولُ الله صلى الله عليه وآله وسلم يحبُّه».

ولو كان السب والتكذيب قد وقع على أحد من شيوخ أو أقارب المعترضين لأظهروا البراءة والتعالي بالصِّياح والإنكار، وتتابع إظهار الورع المصنوع، وهكذا تكونُ السنة عند النواصب.

9- وفي مصنف ابن أبي شيبة (رقم 32771): حدثنا مالك بن إسماعيل قال: ثنا مسعود بن سعد قال: ثنا محمَّد بن إسحاق، عن الفضل بن معقل، عن عبد الله بن معقل، عن عبد الله بن نيار الأسلميِّ، عن عمرو بن شاش قال: قال لي رسول الله صلى الله عليه وآله وسلم: «قد آذيتني» قال: قلتُ: يا رسول الله: ما أحبُّ أن أوذيكَ قال: «مَنْ آذَى عليًّا فقد آذاني».

فهذا نصٌّ صحيحٌ صريحٌ في أنَّ من آذى عليا فقد آذى رسول الله صلى الله عليه وآله وسلم، كيف لا وهو مولى كل مؤمن ومؤمنة.

10 – وشنائع ابن هند معروفة مشهور ومنها : تأسيس الملك العضود، وقتله للصحابي حجر بن عدي وأصحابه رضي الله عنهم، وجعله ابنه يزيد ملكا على المسلمين، وبذل فيه الغالي والنفيس، وأخذ البيعة له في حياته وغير ذلك من الشنائع التي أسست للظلم والملك العضود الذي سنه للمسلمين .

وإن المتجرد لدراسة التاريخ السياسي الإسلامي أن الإنحراف السياسي وضع معاوية أساسه، وهدم الشورى، وانحرف بالمال إلى مآربه، وفرق الأمة، وأسس لفواجع وشنائع.

11 – وقد أحسن جماعة من السادة آل باعلوي الحضارم الشافعيين في بيان حال ابن هند، وكتبوا المصنفات النافعة ومن أجلها كتاب «النصائح الكافية لمن يتولى معاوية» للعلامة الداعي السيد محمد بن عقيل باعلوي، وقد قام له مناصرون من آل باعلوي كالعلامة المتفنن السيد أبي بكر بن شهاب، والعلامة

مفتي الديار الحضرمية السيد عبد الرحمن بن عبيد الله السقاف، والعلامة المفتي السيد علوي بن طاهر الحداد رحمهم الله تعالى، ولهم مناصرون فيما ذهبوا إليه، وقد أصابوا بلا مثنوية فالأمر واضح جلي.

وقد ظهرت أصوات ضعيفة قامت على تقليد أقوال دارت في فلك النصب، ومجافاة النصوص الشرعية.

وقد حرر أخونا الباحث السيد الدكتور علوي بن صادق الجفري الباعلوي موقف السادة آل باعلوي في هذه المسألة، وهي بين يدي القاريء الكريم، وهي رسالة جيدة، مفيدة في بابها، فلله دره، ونفع بهذه الرسالة وأمثالها.

والواجب على كل مسلم ألا يعارض النصوص الشرعية بأقوال الرجال، والمسألة ظاهرة، ولا تحتاج للأخذ والرد.

بقي أن أوجه النظر إلى أن مباحث الصحبة عند الأشاعرة والماتريدية ليست من مباحث العقائد، وإن ألحقت بكتب العقائد لأسباب سياسية، فلا تتهيب مخالفتهم، وهم نصوا على ذلك في كتبهم.

هذا وبالله تعالى التوفيق.

وكتب العبد الضعيف محمود سعيد بن محمد ممدوح في الثاني من شعبان سنة ألف وأربعمائة وأربع وأربعين.

الاستفتاح

قال الحبيب العلامة علي بن حسن العطاس رضي الله عنه:

فَوَيلُ ابْنِ هِنْدٍ مِنْ عَدَاوَةِ مُهْتَدٍ | يُنَازِعُهُ فِي حَقِّهِ وَيُطَالِبُ
فَلِلَّهِ مَا أَجْرَاهُ فِيمَا أَتَى بِهِ | عَلَى حَبْرِ عِلْمٍ قَدَّمَتْهُ الأَطَايِبُ

وقال الحبيب العلامة عبد الرحمن بن عبيد الله السقاف رضي الله عنه:

وَإِذَا ذَكَرْنَا مَا مَضَى فِي حَقِّكُمْ | كِدْنَا مِنَ الحَسَرَاتِ أَنْ نَتَسَعَّرَا
عَلَنًا نَسُبُّ عِدَاكُمُ فَعَلَيهِمُ | لَعْنُ الإِلَهِ عَلَى الدَّوَامِ مُكَرَّرًا
لا يَنْطَوِي قَلْبٌ عَلَى بَغْضَائِكُمْ | إلا وَقَدْ شَنِئَ النَّبِيَّ الأَطْهَرَا

قال الحبيب القطب أحمد بن عبد الرحمن السقاف رضي الله عنه:

كُلُّ عَلَوِيٍّ لاَ يُحِبُّ مُعَاوِيَةَ وَأَصْحَابَهُ

بسم الله الرحمن الرحيم

المقدمة

الحمد لله رب العالمين، والصلاة والسلام على سيدنا محمد خاتم النبيين، وعلى آله الطيبين الطاهرين، ورضي الله تعالى عن أصحابه أجمعين.

5 وبعد:

فقد وقع تغاير في زمننا بين السادة آل باعلوي في موقفهم من معاوية ابن أبي سفيان، علماء وطلبة علم، فمنهم مترضٍّ عنه محب له، ومنهم لاعن مبغض له، ويزعم كلّ فريق منهم أنه متبع لسلفه آل أبي علوي.

وليس اختلافهم خافٍ، فقد بدا تناقض آراءهم عند غيرهم، فنرى الباحث
10 مراد باخريصة في خاتمة بحثه «موقف علماء حضرموت من الشيعة» داعٍ السادةَ آل باعلوي إلى توضيح موقفهم في هذه المسألة؛ لما رآه من اضطرابهم.

فالخلاف بين السادة آل باعلوي في هذه المسألة لم ينتهِ في عصر العلامة محمد ابن عقيل رحمه الله كما يتوهم كثيرون، بل بقي إلى زمننا هذا ما بين مؤيد له ومعارض، فنرى بين الحين والآخر رسائل وتعليقات وأخذًا وردًّا بينهم في هذه
15 المسألة، ولا يستطيع أحد أن ينكر وجود الاختلاف في عصرنا، بغض النظر عن عدد المعتنقين لكلّ رأي وصحة رأي كلٍّ أو بطلانه.

ورأيت أن تلك المسألة من أبرز المسائل التي وقع بسببها اختلاف بين السادة آل باعلوي مع عدم رؤية كثيرين فائدةَ الحديث فيها، فنجد قوما يصمون آخرين بالتشيع، وآخرون يُرمون بالنصب، ويقاطعون بعضهم بعضاً؛ تعصبا لآرائهم،
20 وحَجْرًا لأذهانهم، وسوء أدب في اختلافاتهم.

والرأي الشائع في زمننا للسادة آل باعلوي في تريم والمقرر في غالب أربطتها

ومعاهدها وجامعاتها هو الترضي عن معاوية وتسويده وحبه وعدم ذكر قبائحه، فنجد المعارضين لذلك يرمون بالتشيع والرفض وبالخروج عن منهج السلف السادة آل باعلوي، وعلى أقل تقدير يقال: «احذروا من فلان؛ فإنه يُروَح منه التشيع»، ونراهم يحكمون خطأً على عدد ممن قبلنا من ساداتنا العلويين بالرفض والتشيع.

وقد رأيت تناقضا في موقف كثير من المعاصرين في نظرهم لمن سبق من العلويين، فنجدهم يعظمون أحدهم ويشهدون له باتباع السلف، ويذمون آخر ويرمونه بالتشيع أو الرفضِ؛ وهما متفقان في الرأي، ولا أرى سبب ذلك إلا التعصب أو الجهل؛ وهو الأقرب.

فهؤلاء يا ليتهم عرفوا حقيقة التشيع وكيف ينتحل السني التشيع، ومتى صار معاوية القنطر؟ أيكون اعتناق مذهب أهل السنة بحبه واعتناق التشيع بتركه؟

وأبرز من رمي في القرن الماضي بالتشيع والرفض في هذه المسألة من العلويين العلامة الحبيب محمد بن عقيل بن يحيى، وكذلك شيخه العلامة المتفنن الحبيب أبو بكر بن عبد الرحمن ابن شهاب الدين، ونجدهم قد غضوا أبصارهم عن نصوصهما الصريحة في ذم الرفض، وفي المقابل نجدهم يغضون طرفهم عما وقع لغيرهما من مخالفة مذهب أهل السنة في موقفهم من معاوية.

وقد حكم كثير من المعاصرين من السادة آل باعلوي على رأيهما بأنه مأخوذ من الشيعة بسبب اختلاطهم بغيرهم وليس له صلة بمذهب السادة آل أبي علوي رضي الله عنهم، ويقطعون بأنه لم يذهب إليه من العلويين إلا عدد يمكن تعداده بأصابع اليد.

فما صحة قولهم؟ ألم يوافق العلامة ابن عقيل في رأيه أحد من العلويين إلا عدد يسير منهم؟ هل أتى بهذا القول من مصدر أجنبي للسادة آل أبي علوي غير متلقى عن آبائه وأجداده؟

يستدل مخالفو العلامة ابن عقيل بعدد من النصوص تؤيد قولهم بأنّ طريقة السادة آل باعلوي معارضة تماما لما ذهب إليه؛ ومن أبرزها نقولات عن الإمام عبد الله بن علوي الحداد، والحبيب أحمد بن عمر بن سميط، والعلامة الحبيب أحمد بن حسن العطاس، والحبيب حسن بن علوي ابن شهاب، والحبيب علوي ابن عبد الله ابن شهاب وغيرهم.

ولكون هذه المسألة مهمة - بل يترتب عليها رمي مخالفها بالتشيع عند هؤلاء - وجب التثبت فيما ينقل عن هؤلاء الأئمة.

ويؤخذ على استدلالهم بنصوص من سبق من السادة آل باعلوي عدة أمور، أبرزها:

1) عدم استيعاب أقوال المذكورين، وذلك بـ:
- الاكتفاء بنص واحد لهم وترك ما سوى ذلك.
- الأخذ برأي أحدهم المتقدم وترك المتأخر.
- نقل ما ثبت عن أحدهم من مجلس عام أو عند عوام وترك قوله في مجلس خاص له مع خواصه وأهله.

2) عدم تفرقتهم بين الحب والترضي والتسويد، حيث جعلوا كلًّا ملزما للآخر.

3) عدم التعامل مع النصوص المتفرقة للأئمة السادة آل باعلوي بمنهج علمي، وذلك بـ:
- إبقاءهم نصوصا على عمومها رغم وجود المخصصات.
- ترجيحهم نصوصا على بعضها مع إمكان الجمع.

4) الاعتماد على نسخ مطبوعة وقع فيها تحريف وزيادات، مثل:
1 - زيادة الترضي عن معاوية رغم عدم وجودها في الأصول المخطوطة.

2- تلطيف لنصوص فيها تحامل واضح على معاوية بإبدالها بعبارات لا تخالف مذهب أهل السنة.

3- حذف لنصوص أئمة لا يريدون إظهار حقيقة مذهبهم.

فبنوا بذلك قولهم في هذه المسألة وجعلوه مذهب السادة آل باعلوي، وسفهوا غير قولهم، ولا يخفى أنّ هذا عملٌ ناقص في تقرير مذهبهم، فمسألة كهذه تحتاج دقة؛ أي: نصوص صريحة في المدعى، مع تحقيق قول كل منهم، وكذلك استقراء نصوص السادة آل باعلوي فيها، مع الاعتماد على مصادر موثوقة.

ولا نشك أنّ من هؤلاء رجالا صادقين يريدون اتباع سلفهم العلويين، كما لا نشك أنّ هناك مشروع عظيم في طمس آثارهم المخالفة لمذهب أهل السنة.

وقد تيقنت بعد طول المطالعة والمجالسة أنَّ تسفيه قول المخالف مِن التعصب المذموم، فثمة كثيرون من السادة العلويين صرحوا بمثل قول العلامة ابن عقيل في هذه المسألة أو بقريب منه.

فقمت بحمد الله بتقرير مذهب السادة آل باعلوي مبيّنا الخلاف، وكذا باستقراء ومناقشة نصوص أبرز من يحتج المعاصرون بقولهم في هذه المسألة لتحقيق مذهبهم، ثم بجمع ما تيسر من نصوص لعدد من السادة العلويين والتعليق عليها.

كتبه/

حسن بن صالح الكاف

علوي بن صادق الجفري

موقف السادة آل أبي علوي من معاوية ابن أبي سفيان

المبحث الأول
موقف السادة آل باعلوي من حب معاوية

المطلب الأول/ موقف أهل السنة من حب جميع الصحابة تفصيلا

المطلب الثاني/ مخالفة السادة آل باعلوي للأشاعرة في مسائل

المطلب الثالث/ موقف السادة آل باعلوي من حب الصحابة تفصيلا

المطلب الرابع/ بيان من لا يحبهم السادة آل باعلوي من الصحابة

المبحث الأول/ موقف السادة آل باعلوي من حب معاوية

المطلب الأول/ موقف أهل السنة من حب جميع الصحابة تفصيلا

من المباحث المهمة في هذا البحث مما يبنى عليه ما سيأتي كون مذهب أهل السنة تعظيم وحب جميع أصحاب رسول الله صلى الله عليه وآله وسلم، فليس وجوبُ حب الصحابة حبَّهم إجمالًا دون شمول تلك المحبة كلهم فردا فردا، بل يجب محبة وتعظيم كلهم دون استثناء أحد منهم.

قال الإمام الطحاوي: (ونحب أصحاب رسول الله صلى الله عليه وآله وسلم ولا نفرط في حب أحد منهم)[10]، وقال الشيخ ابن حجر الهيتمي: (يجب عليك أيها المسلم المملتيء القلب من محبة الله ورسوله **أن تحب جميع أصحاب نبيك محمد صلى الله عليه وآله وسلم**)[11]، فمذهب أهل السنة وجوب حب جميع أصحاب رسول الله صلى الله عليه وآله وسلم، ومنهم: معاوية ابن أبي سفيان، فمن لم يحبه.. فقد خالف منهج أهل السنة في هذه المسألة.

وما يدعيه بعضهم من أنّ مذهب أهل السنة حب الصحابة جملة لا تفصيلا غير صحيح، فقد ألف الشيخ ابن حجر كتاب «تطهير الجنان واللسان عن الخطور والتفوه بثلب معاوية ابن أبي سفيان» في الذب عن معاوية؛ فيكون داخلا في مراده بالصحابة دخولا قطعيا، لا سيما وقد سوّر قوله: «أصحاب نبيك» بقوله: «جميع» فكانت قضية كلية مسورة دالة على وجوب محبة كل فرد من الصحابة، وقد صرح بعد ذلك بوجوب محبته، فقال: (**فوجبت محبته** [أي: معاوية]؛ لهذه الأمور التي اتصف بها بالإجماع)[12].

---

(10) الطحاوي، العقيدة الطحاوية، (ص56).

(11) ابن حجر الهيتمي، تطهير الجنان واللسان عن الخطور والتفوه بثلب معاوية ابن أبي سفيان، (ص17).

(12) المصدر السابق، (ص19).

وقال: (الحمد لله الذي أوجب على الكافة تعظيم أصحاب نبيهم)(13)، وقال العلامة الطحاوي: (ولا نذكرهم إلا بخير)(14)، وقال العلامة السعد التفتازاني: (يجب تعظيم الصحابة والكف عن مطاعنهم)(15) فمذهب أهل السنة تعظيم كل أصحاب رسول الله صلى الله عليه وآله وسلم وعدم ذكر أحد منهم إلا بخير، فمن تحامل على أحد منهم أو لم يذكر أحدا منهم بخير.. فقد خالف منهج أهل السنة والجماعة أيضا.

* * *

---

(13) المصدر السابق (ص9).
(14) الطحاوي، العقيدة الطحاوية، (ص57).
(15) التفتازاني، شرح المواقف، (5/ 303).

المطلب الثاني/ مخالفة السادة آل باعلوي للأشاعرة في مسائل

مما لا يخفى على كل منتسب لطريقة السادة آل باعلوي أنهم من أهل السنة والجماعة؛ أشاعرة في الاعتقاد، قال الإمام الحداد: (وأنت إذا نظرت بفهم مستقيم عن قلب سليم في نصوص الكتاب والسنة المتضمنة لعلوم الإيمان وطالعتَ سير السلف الصالح من الصحابة والتابعين.. علمتَ وتحققت أنّ الحق مع الفرقة الموسومة بالأشعرية؛ نسبة إلى الشيخ أبي الحسن الأشعري)[16].

وقال رضي الله عنه:

وَكُـنْ أَشْـعَرِيًّا فِي اعْتِقَـادِكَ إِنَّـهُ هُوَ المَنْهَلُ الصَّافِي عَـنِ الزَّيـغِ وَالكُفْـرِ

فالأصل الالتزام بمذهب الأشاعرة في هذا الباب؛ أي حبهم لكل صحابي من أصحاب رسول الله صلى الله عليه وآله وسلم تفصيلا؛ إذ تركهم لذلك مخالف لمذهب الأشاعرة.

كما أن مذهب السادة آل باعلوي في الفروع هو المذهب الشافعي، ولكن لم يمنع ذلك من مخالفتهم للمذهب الشافعي في بعض المسائل، فإنّه قد ثبت عنهم ذلك، ولذا يقول الحبيب أحمد بن حسن العطاس: (ولنا ثلاثة ميازين، ميزان للعلم المطلق، وميزان للعلم المقيد، وميزان للعمل، فالعلم المطلق نجعله في صدورنا، والعلم المقيد نتقيد به؛ وهو: مذهب الشافعي، **وفي العمل نختار ما ذهب إليه السلف العلويون**)[17].

ومخالفات السادة آل أبي علوي غير منحصر في الفروع، فإنهم قد خالفوا الأشاعرة في مسائل كذلك.

---

(16) عبد الله بن علوي الحداد، رسالة المعاونة والمظاهرة والمؤازرة للراغبين من سلوك طريق الآخرة، (ص67)، وينظر عقود الألماس للحبيب علوي بن طاهر الحداد (1/ 86-96).

(17) عطاس الحبشي، تذكير الناس، (ص21).

قال الإمام عبد الله بن علوي الحداد عن الروافض: (إنهم أهل باطل لا يذكرون ولا يعول عليهم في شيء **وإن كان عندهم يسير من الحق**)(18)، وليس المراد من اليسير من الحق ما وافقوا الأشاعرة فيه، وإنما المسائل التي خالفوا الأشاعرة فيها، ويشهد لذلك قوله عقبه: (وينبغي لصاحب الحق أن يتركهم، **وإن رأى عندهم شيئا من الحق.. لا ينكره**؛ لئلا يتعللون ويحتجون عليه بإنكاره ذلك القليل من الحق، فيستدلون بذلك على أنّ كل ما معهم حق وأنه أنكره)(19).

قوله رضي الله عنه: «وإن رأى عندهم شيئا من الحق.. لا ينكره» المراد الحق المخالف لمذهب الأشاعرة، أما الحق الذي وافقوا الأشاعرة فيه.. فليس محلا للإنكار حتى يقول رضي الله عنه: «لا ينكره».

ففي نص الإمام الحداد السابق تصريح بأنه ثمة مسائل لم يوفّق الأشاعرة إلى الحق فيها، فلذا كان موقف السادة آل باعلوي في هذه المسائل مخالفة الأشاعرة واتباع الحق، وقد صرح بهذا عدد من العلويين، من أبرزهم:

- العلامة الحبيب محمد بن عقيل بن يحيى، ونصه: (وقد وافق اعتقادهم أكثر ما دونه أبو الحسن الأشعري في كتبه الكلامية؛ فهم أشعريون بهذا المعنى، وهم شافعيو المذهب في الفروع الفقهية إلا أنّ لهم اختيارات وأنظار خالفوا فيها الشافعية والأشاعرة)(20).

- والعلامة الحبيب عبد الرحمن بن عبيد الله السقاف حيث قال: (ويقول

---

(18) أحمد الشجار، تعليقاته على تثبيت الفؤاد، (3/ 1537).
(19) المصدر السابق.
(20) محمد بن عقيل بن يحيى، النصائح الكافية لمن يتولى معاوية، (ص310)، ومثل لذلك بقوله: (كقولهم بصحة إيمان المقلد خلافا للأشعري، ومخالفتهم له في قوله أن الوجود عين الذات، وإنكارهم عليه بعض مسائل التفضيل والقول بقطعيته، وكقول الكثير منهم بانتفاء عدالة معاوية وأشباهه وبغضهم في الله ومنع تسويدهم والترضي عنهم).

[أي: الإمام الحداد] «**وكن أشعريا في اعتقادك**» يعني: **في المقطوع بصوابه**، وإلا فالأشعري نفسه يمنع أن يكون غيره أشعريا بتقليده؛ لأنه لا يرى إيمان المقلد، وقول القشيري أنه مكذوب عليه يناقضه قول ابن عبد السلام برجوعه عنه...)[21]، وقال في موضع آخر: (على أنهم لم يوافقوهم كما سبق إلا فيما أصاب الأغراض لا في شيء من المحارات كتجرد الأعراض)[22].

- الحبيب محمد بن أحمد الشاطري في قوله: (والعلويون صوفية في مذهبهم، ولكنهم لم يقلدوا الشافعي في كل شيء، بل خالفوا مذهبه في كثير من المسائل، وأشعرية في عقائدهم، **ولكنهم خالفوا الأشعري في كثير من المسائل**)[23].

فالعلويون لهم مذهب مختص بهم تلقوه عن آبائهم الكرام، ولكن لما وجدوا أغلب الحق متفقا مع المذهب الشافعي والأشعري.. انتسبوا إليهما مع معرفتهم بالمسائل التي خالفوهم فيها، قال الحبيب أحمد بن حسن العطاس: (ليس جميع ما تحويه كتب العلويين يجوز عده مذهبا لهم، بل ذلك في الغالب مذهب من نقلوه عنه أو مذهب بعض الناس، وإنما مذهبهم ما استنبطوه هم من محكم الكتاب وصحيح السنة **وما تسلسل إليهم بالرواية عن آبائهم الكرام فقط**)[24].

فتصريحهم بمخالفة الأشاعرة في مسائل يبطل استلزام موافقتهم للأشاعرة في قولهم بحب جميع الصحابة تفصيلا وكذا غيره من المسائل، ويجعل قولَهم بعدم حب بعض الصحابة ممكنا، ولكن لا يمكن الحكم بذلك إلا بنص منهم، حيث لا يمكن نسبة قول إليهم بمجرد احتمال غير مستند إلى دليل يمكن الاعتماد عليه.

---

(21) عبد الرحمن بن عبيد الله السقاف، سموم ناجر في تعزيز نسيم حاجر، (ق/ 9).

(22) المصدر السابق (ق/ 43).

(23) محمد الشاطري، سيرة السلف من بني علوي الحسينيين، (ص32).

(24) محمد بن عقيل بن يحيى، المذكرات، (ص30).

وإذا ثبت عن السادة آل باعلوي مخالفة للأشاعرة في بعض المسائل.. لم يستلزم المخالفة للأشاعرة الخروج عن طريقة السادة آل باعلوي، بل وجب النظر في تلك المخالفة، هل كانت من المسائل التي خالف السادة آل باعلوي فيها الأشاعرة؟

فكل من تفرد من العلويين بمخالفة الأشاعرة في مسألة حكمنا عليه بمخالفة منهج السادة آل باعلوي في تلك المسألة، أما إذا وافقه كثيرون منهم بل صرح به إمام من العلويين.. أمكن الحكم بأنّ العلويين خالفوا الأشاعرة في تلك المسألة؛ أي: فلا يحكم عليهم بالخروج ومخالفة الطريقة في تلك المسألة، لا سيما إذا صرحوا بأنّ قولهم هو من أسلافهم.

وأمكننا القول بذلك لورود مخالفتهم للأشاعرة في عدد من المسائل، أو كثير منها على تعبير العلامة الشاطري، ولو لم نسلم بذلك.. لوجب رمي كل مخالف للأشاعرة بمخالفة طريقة السادة آل باعلوي بالبدعة.

* * *

«فائدة»: طريقة معرفة أقوال السادة آل باعلوي المخالفة لمذهب الأشاعرة

بعد النصوص السابقة بمخالفة السادة آل باعلوي الأشاعرة في مسائل يمكن معرفة تلك المخالفات لهم بطرق، وهي:

- ثبوت المخالفة عن عدد ممن ليسوا بأئمة الطريقة دون إنكار عليهم.
- ثبوت المخالفة عن كثيرين ممن ليسوا برموز للطريقة وخالفهم من ليس برمز للطريقة وكانوا أقل منهم إذا لم يسند الأقلون قولهم للسلف.
- نسبة المخالفة من إمام منهم إلى السلف ولو مع وجود مخالف.
- نسبة عدد ممن ليسوا برموز تلك المخالفة إلى السلف ولا مخالف لهم من أئمة الطريقة.

فإذا شذ في المخالفة أحد منهم.. لم يمكن القول بأنّ السادة آل باعلوي خالفوا الأشاعرة وإن لم يوجد مخالف؛ إذ موافقتهم لمذهبهم هو الأصل، فيكون قول المخالف شاذا لا يمكن الحكم به على الطريقة، ومحل هذا إن لم ينسبه إلى مذهب السادة آل باعلوي إمام من أئمة الطريقة.

وإذا ثبت عن قليلين ولم يكونوا من أئمة الطريقة.. فلا يمكن القول بأنهم خالفوا طريقة سلفهم العلويين إلا إذا عَلِمَ مخالفتَهم غيرُهم من منتسبي الطريقة ولم ينكروا عليهم، فإذا خالفهم إمام من أئمة الطريقة أو عدد مثلهم أو أكثر منهم ممن ليسوا برموز.. كان قولهم رأيا لهم لا للطريقة؛ إذ الأصل عدم مخالفة الأشاعرة، لكن إن نسب الأقلون قولهم لمذهب السلف في الصورة الثانية أو الثالثة كان قولهم الراجح.

وإذا ثبت عن إمام من أئمة الطريقة مخالفة للمذهب الأشعري دون نسبته قولَه لمذهب السلف.. حكمنا بشذوذه عن طريقة آل باعلوي.

فمن خالف الأشاعرة من السادة آل باعلوي ونسب المخالفة إلى السلف إما توصل إلى ذلك بالنقل عن آبائه ومشايخه، أو باطلاعه على آراء مخالفة للمذهب الأشعري في كلام عدد منهم، ولا يمكن الجزم بطريقة معرفته ذلك دون نص[25].

❋ ❋ ❋

---

(25) ومن أمثلة تبيين أحد العلويين مذهبهم قول الحبيب أحمد بن حسن العطاس [تنوير الأغلاس، (2/ 306)]: (وسلفنا العلويون كلهم يقولون بإيمان أبي طالب)، وبيّن فيه مستنده بقوله: (وسمعت سيدنا الحبيب طالب بن عبد الله العطاس يقول: إن أبي عبد الله يقول: سمعت أبي طالبا يقول: قال أبي الحسين: إن أبا طالب مات على الإيمان، **فقلنا له**: إن أهل العلم قالوا غير ذلك، **فقال**: أنا ما قلته بنفسي بل أبي الحسين قال ذلك).

المطلب الثالث/ موقف السادة آل باعلوي من حب الصحابة تفصيلا

تقدم أن مذهب أهل السنة وجوبُ محبة الصحابة تفصيلا؛ أي: كل فرد منهم، فمن لم يحب أحدا منهم؛ كمعاوية مثلا.. كان مخالفا لمذهب أهل السنة.

ولا ننكر وجود نصوص كثيرة عن عدد من السادة آل باعلوي بحب الصحابة، بل منهم من نص على وجوب حب جميع الصحابة(26)، ولكن يُخصّ بنصوص صريحة خلاف ذلك؛ كما سيأتي، فلا يمكن أن نمنع معاوية من التخصيص إلا بنص صريح في حقه داعٍ إلى محبته.

وممن قد صرح من أئمتنا بخلاف مذهب أهل السنة في قولهم بوجوب حب جميع الصحابة الحبيب علي بن حسن العطاس، فقال رضي الله عنه: (ومن المشهور الذي لا خلاف فيه بين الجمهور أن في جهات حضرموت أربع فضائل كبار لا توجد في غيرها من الجهات والأقطار.

الأولى: كثرة من فيها من الحسينيينَ السالمينَ من الزيغِ والبدعِ والأهواءِ والجَهالةِ والضلالةِ الحائزينَ مع شرف القرابة **محبةَ السَّواد الأعظم من**

---

(26) كقول الحبيب عبد الله بن عمر بن يحيى [تذكرة الأحياء]: (وعليكم بمحبة جميع الصحابة وتعظيمهم)، وقول الحبيب أحمد بن أبي بكر بن سميط [المنهل الوارد، (ص260)]: (وأنه تجب محبتهم جميعهم واحترامهم)، وهذا كله نعلمه، ولكن الذابون عن معاوية لا يلتفتون إلى النصوص المشكلة، فيسارعون باستحضار النصوص المؤيدة لمذهب أهل السنة، ثم يشرعون بالتعجب من معارضة المعرضين وإنكار المنكرين، وهذا الموقف غلط بلا شك، فإنّ الأصل الالتفات إلى موضع الخلاف ومحاولة حلِّه.

وحل الخلاف لا يتأتى في هذه الحالة بسهولةٍ بأن يقال: إننا نحمل الكلام المشكل على الصحيح؛ لأن هذه الطريقة ليست صحيحة وفيها مخالفة لمراد المتكلم، ولكن الطريقة الصحيحة هي أن نحمل العام على الخاص، والمطلق على المقيد.

ولا يجوز أن يقول قائل: إنه ما دام وُجد كلام موافق لأهل السنة وكلام مخالف لهم فالأصل الأخذ بالموافق، والأصل إحسان الظن بالمسلم، فهذا الكلام لا معنى له؛ لأن إحسان الظن أو عدمه لا موضع له في أبحاث العقيدة.

الصّحابة)[27].

فهذا النص الدقيق من إمام من أئمة الطريقة يفيد مخالفتهم لأهل السنة في حبهم لجميع الصحابة رضي الله عنهم، فإنهم يحبون السواد الأعظم منهم فقط لا كلهم، ولكن الحبيب علي رضي الله عنه اقتصر على ذلك القدر، ولم يبيّن ذلك الإجمال، فاكتفى بنقل رأي السادة آل باعلوي من حبهم للسواد الأعظم من الصحابة ولم ينص على من لا يحبون منهم.

ومما يتميّز به نص الحبيب علي بن حسن العطاس عن غيره وصفه لرأي السادة آل باعلوي في هذا الباب، فلم يكن مقررا مذهب أهل السنة وكذا لم يُجْمل.

* * *

(27) علي بن حسن العطاس، القرطاس، (1/ 108).

المطلب الرابع/ بيان من لا يحبهم السادة آل باعلوي من الصحابة

من خلال ما تقدم من نص الحبيب علي بن حسن العطاس كان من الممكن بعد ذلك الحكم على أي صحابي من الصحابة بأن السادة آل باعلوي لا يحبونه[28] إلا أنّ تعيين أحدهم أمر محتمِل، فلزم من ادعى عدم محبتهم لأحد منهم نص للتعيين؛ إذ تعيين عدم حبهم لأحد منهم ترجيح بلا مرجح.

ومن أبرز النصوص المبيّنة لذلك الإجمال التي أوردها الحبيب علي بن حسن العطاس ما نقله قاضي سيئون الحبيب علوي بن عبد الله السقاف في مذكراته وهو قوله:

(أخبرني الأخ عبد الله بن محمد بن حسين بن علوي السقاف الملقب المصري بأن سيدي الوالد أحمد بن عبد الرحمن بن علي بن عمر بن سقاف كان يدخل عنده في كل شهر مرة أو مرتين، وأنه في كل مرة ذكر له ما اطلع عليه من أعمال معاوية وبني أمية نحو الإمام علي وأهل بيته، يقول.. اسمع ما قول لك: شف، **كل علوي لا يحب معاوية وأصحابه**، وإنما سلفنا استغرقت أوقاتهم العبادات، وذكر الله ومراقبته، فلم يلتفتوا إليه، ويرون أن لا حاجة لذلك في مثل الوسط الحضرمي)[29].

فقد بيّن القطب الإمام أحمد بن عبد الرحمن السقاف الإجمال الواقع في كلام الحبيب علي بن حسن العطاس، والحبيب أحمد هو والد القطب عبد القادر بن أحمد السقاف، وهو من كبار أئمة الطريقة ممن لا يشق له غبار ولا يمكن رد ما جعله مذهبا للعلويين، وقال عنه شيخه الحبيب أحمد بن حسن العطاس: (هذا السيد ما انتقدتُّ عليه لا بظاهري ولا بباطني، ولو وزنتموهم كلهم.. ماحد

---

(28) ويستثنى من ذلك من قد نصوا على علوِّ مكانتهم وحبهم وتعظيمهم لهم؛ كالخلفاء الراشدين، والمبشرين بالجنة، وغيرهم من السابقين الأولين.

(29) السيرة الذاتية للحبيب علوي بن عبد الله السقاف (ص293).

بيطلع في ميزانه، وله وقت)(30).

فعُلم أنّ الصحابة الذين لا يحبهم السادة آل باعلوي هم معاوية ابن أبي سفيان وأصحابه، أي ممن ثبت عداوتهم للإمام علي بن أبي طالب عليه السلام وأهل بيته، كعمرو بن العاص، وزياد ابن أبيه، والمغيرة بن شعبة، ولكن دخول معاوية في هذا النص قطعي دون غيره.

فقد ثبت مخالفة السادة آل باعلوي للأشاعرة في عدم حبهم لمعاوية ابن أبي سفيان، وثبت ذلك بقول إمام من أئمة الطريقة ولا مخالف له؛ أي: لم ينصّ أحد من أئمة الطريقة بأنّ طريقة السلف حب معاوية، وثبت ذلك القول أيضا عن كثيرين من علماء الطريقة من أبرزهم العلامة الحبيب أبي بكر ابن شهاب الدين والحبيب العلامة محمد بن عقيل بن يحيى، ونسبا ذلك إلى السلف العلويين كذلك، ولهما كتب ورسائل سيأتي تفصيل ذكره، ويؤيد هذا وجود تحامل صريح من عدد من العلويين تجاه معاوية، ومع ذلك لم يثبت عن أحد منهم الإنكار على من سبق ذكرهم من تلك الحيثية، فكان ذلك اتفاقا أو إجماعا سكوتيا منهم على مخالفتهم للأشاعرة في هذه المسألة.

* * *

---

(30) محمد بن عوض بافضل، مجموع كلام الحبيب أحمد بن حسن العطاس، (1/ 373).

المبحث الثاني
موقف السادة آل باعلوي من الترضي عن معاوية

المطلب الأول/ زيادة النساخ الترضي عن معاوية

المطلب الثاني/ الترضي عن جميع الصحابة

المطلب الثالث/ لا يلزم من الترضي المحبة

المطلب الرابع/ وجوب حب ذات المؤمن

المبحث الثاني/ موقف السادة آل باعلوي من الترضي على معاوية

المطلب الأول/ زيادة النساخ الترضي عن معاوية

قد ذكر معاوية عدد من السادة آل باعلوي في كتبهم، والغالب عدم ترضيهم عنه، ولكن لا يمكن أن يكون ذلك دليلا على أنّ منهجهم ترك الترضي عنه؛ إذ لا يلزم من عدم ترضيهم عنه أنهم لا يجوزونه، كما لم ينقل عن أحد من سلف السادة آل باعلوي حكم الترضي على معاوية بعينه، فلا يمكن معرفة رأيهم إلا بقول المتأخرين الذين نسبوا مشروعية الترضي أو عدمه للسلف العلويين، وقد اختلفوا على قولين:

القول الأول: منع الترضي على معاوية.

وهذا قول العلامة الحبيب أبي بكر ابن شهاب، والحبيب العلامة محمد بن عقيل بن يحيى، والحبيب العلامة عبد الرحمن بن عبيد الله السقاف، والحبيب العلامة سالم بن جندان، والحبيب محمد بن سالم بن علوي خرد، والحبيب العلامة محمد بن أحمد الشاطري.

قال الحبيب محمد بن عقيل بن يحيى: (ثم إنا إذا وجدنا فيهم من سكت عن معاوية وفضائحه.. **فلا نجد من علمائهم وكبارهم من يطريه ويمدحه ويسيده ويترضى عنه ويتمحل لتبريره ويؤول خطاياه** كما يفعل أكثر الأشاعرة والماتريدية)[31]، وعلق على ذلك الحبيب أبو بكر ابن شهاب فقال: (وقد صدق في ذلك)[32]، وقد كتب تقريظا لتأييد «النصائح الكافية» وهو مطبوع في آخره، وقال أيضا في مكاتبة إلى الحبيب أحمد بن حسن العطاس: (يعلم الله أني ذاكرت رجالا كثيرا من أجلائهم وهداتهم في معاوية ولا أجد منهم من يثني عليه)[33]،

---

(31) محمد بن عقيل بن يحيى، النصائح الكافية لمن يتولى معاوية، (ص312).
(32) أبو بكر بن شهاب، وجوب الحمية عن مضار الرقية، (ص47).
(33) تجده في كتاب «أبو المرتضى» لمحمد أسد شهاب، (ص277).

وقال: (وأما الخطر في الترضي عنه وتعظيمه وتسويده.. فعظيم لما يعلمه الكل أنّ الترضي هو شعار الأصفياء والصالحين من العباد - كما ورد في القرآن الكريم مكررا - وصار من بعد شعارا لهم ملازما؛ لتعظيمهم، فلا يكون لغيرهم من الفسقة وذوي الكبائر؛ لملازمته العرفية للتعظيم، وتعظيمهم مغضب للرب وسخط له؛ كما في الحديث)[34]، ثم قال: (والحاصل أن تعظيم معاوية وتسويده وحبه هو الممنوع، وكل ما اقترن به شيء من هذه فممنوع كذلك)[35].

وقد تعجب العلامة عبد الرحمن بن عبيد الله من هؤلاء الذين يترضون عن معاوية فقال: (تراهم يسودون حتى من حارب عليا في صفين ويترضون عنهم!)[36].

وقال الحبيب محمد بن سالم خرد:

من يوالي أعداء طه وعنهم … يترضى مجاهرٌ للعداء
فترضى عمن يصح الترضي … عنهم لا تسئ لأهل الكساء[37]

ولم يخفَ على العلويين وجود ترضٍّ عن معاوية في بعض كتب السلف وإن كان قليلا وغير غالب ولكنه موجود، وقال العلامة الحبيب محمد بن أحمد الشاطري معبرا عن تعجبه من وقوع ذلك: (بعض أسلافنا عندهم تحامل على معاوية؛ كالإمام علي بن حسن العطاس، والإمام زين العابدين العيدروس وغيرهما، **والعجيب أن بعضهم ترضوا عنه!** نجد ذلك في كتبهم - والله أعلم -)[38]، فيصرح الحبيب محمد الشاطري بأن هذا الأمر أمر عجيب؛ إذ اللائق من موقفهم

(34) أبو بكر ابن شهاب، كشف النقاب عن وجه الصواب لإزالة ريب المرتاب «أبو المرتضى» (ص289).

(35) المصدر السابق (ص290).

(36) عبد الرحمن بن عبيد الله السقاف، سموم ناجر في تعزيز نسيم حاجر، (ق/ 10).

(37) ينظر واقعة الطف في تراث السادة آل بني علوي، حسن صالح الكاف، مركز العريضي للدراسات والنشر، (ص65)، وسيأتي بيان وجه دخول معاوية في ذلك في المبحث الأخير وإن كان واضحا.

(38) محمد الشاطري، شرح الياقوت النفيس، (ص777).

من عدم محبة معاوية بل تحامل بعضهم عليه عدم ترضيهم عنه.

فمن قرأ في بعض كتب الإمام الحداد المطبوعة مثلا.. وجد في مواضع منها وجود الترضي عن معاوية وفي غالبها عدمه، وسيأتي مناقشة كل نص من ذلك في باب خاص، وقد قال الحبيب محمد بن عقيل: (الإمام الحداد كان مكفوفا، **فزيادة النساخ في كتبه مظنة الوقوع**، وقد زادوا الترضي في كثير من كتب الحديث عن أناس وحذفوا فيها – إلا ما ندر – الصلاة على الآل)(39)، ويشهد لذلك وجود الترضي في بعض كتبه المطبوعة مع انتفاء ذلك في بعض النسخ المخطوطة القديمة؛ كما سيأتي ذلك.

فلأجل ذلك أقول: لا يمكن الاستدلال على أنّ رأي السادة آل باعلوي هو الترضي عن معاوية بوجود الترضي عنه في أي كتاب من كتبهم إلا إذا كان بخط مؤلفه أو بغير خطه وذكر جميع النساخ أنهم لم يزيدوا على الأصل الترضي عن معاوية؛ إذ علماء أهل السنة صرحوا بجواز بل استحباب زيادة الترضي وإن لم يكتبه المؤلف، بل جوزوا ذلك في كتب الحديث فمن باب أولى غيره.

قال الإمام النووي عند ذكره لما يستحب لكاتب الحديث: (وكذلك يقول في الصحابي: «رضي الله عنه»، فإن كان صحابيا بن صحابي.. قال: «رضي الله عنهما»، وكذلك **يترضى ويترحم على سائر العلماء والأخيار، ويَكتُبُ كل هذا وإن لم يكن مكتوبا في الأصل الذي ينقل منه، فإن هذا ليس رواية وإنما هو دعاء**)(40).

فبان بما ذكر الإمام النووي أن الترضي على الصحابة يحتمل كونه من المؤلِّف نفسِه و كذلك من النساخ إلا في الحالتين المذكورتين، ووقائع الأحوال إذا تطرق إليها الاحتمال كساها ثوب الإجمال وسقط بها الاستدلال(41)، فذلك يزيل

---

(39) محمد بن عقيل بن يحيى، أصل تقوية الإيمان، (ص50).
(40) النووي، مقدمة شرح مسلم، (1/ 39).
(41) زكريا الأنصاري، غاية الوصول، (ص77).

التعجب الذي وقع للحبيب محمد الشاطري، فلا يصح الاستدلال بأنّ السادة آل باعلوي يترضون عن معاوية أو بأنّ فلانا ترضى عنه لوجود ذلك في كتاب له إلا في الحالتين المذكورتين؛ إذ كل ذلك من زيادات النساخ.

القول الثاني: استحباب الترضي عن معاوية، وهو رأي الحبيب عثمان بن يحيى ومن تبعه.

ومن ينظر في مستندهم في قولهم بأنّ منهج السادة آل باعلوي هو الترضي على معاوية.. يجد أنه مجرد سرد بعض النصوص مما وجدوها في كتب عدد ممن سبقهم من السادة آل باعلوي فيها الترضي عن معاوية(42)، ولا يمكن الحكم بهذا على أنّ منهج السادة آل باعلوي هو الترضي عنه لما سبق بيانه، واستدلاله كان ضعيفا جدا في كتابه، حتى قال محققه الباحث مراد باخريصة في مقدمة تحقيقه عند ذكره الملاحظات التي أخذت على الحبيب عثمان: (اعتماده في نقولاته في كتبه على العلماء المتأخرين والإكثار من الاستشهاد بأقوالهم واعتماد آرائهم)(43).

* * *

---

(42) كسرده بعض النصوص للإمام الحداد في كتابه «إعانة المسترشدين» وكل هذا سيأتي بيانه.
(43) عثمان بن يحيى، إعانة المسترشدين على اجتناب البدع في الدين، (ص 85).

المطلب الثاني/ الترضي عن جميع الصحابة

مما لا شك فيه ونص عليه عدد من العلويين كما سبق هو كون السادة آل باعلوي أشاعرة جملة، ومما يتميز به أهل السنة والجماعة عن غيرهم موقفهم من الصحابة والترضي عنهم.

وقد تقدم بيان موقفهم من الترضي على معاوية بعينه، ولكن مما يستدل به الذين يرون أن مذهب السادة آل باعلوي هو الترضي عن معاوية ثبوت الترضي على جميع الصحابة عن كثيرين منهم، كقول عدد منهم: (وارض اللهم عن أصحابه أجمعين).

ومع ثبوته أيضا عنهم بصيغ أخرى مثل: (أصحابه المهتدين) وما ضاهاه عن كثيرين منهم بل عن الإمام الحداد نفسه في مواضع من كلامه وشعره لا يمكن للمنصف الإنكار بأنّ الترضيَ عن جميع الصحابة المجملَ موجودٌ في كتب كثير من كتب السادة آل باعلوي مما يغني عن ذكرها.

ولكن لا يكفي ذلك للقطع بدخول معاوية في الترضي وإلزام المخالف به لأسباب، منها:

1) للصحبة تعريفات كثيرة، فتعيُّنُ حملِ ترضيهم على الصحابة بأنّ المراد بهم كل من اجتمع بالنبي صلى الله عليه وآله وسلم مؤمنا ومات على الإيمان أمرٌ محتمِل لا يمكن الاستدلال به، وقد ثبت تعريفات عن عدد من العلويين للصحابة غير ذلك، فمنها:

- تعريف الإمام عبد الله بن علوي الحداد وهو: (وصحبه هم الذين صحبوه في حياته وآمنوا به وهاجروا إليه ونصروا دينه وجاهدوا معه وبلغوا عنه ما سمعوه ورأوه من أقواله وأفعاله، فلاجتماع هذه المزايا والفضائل لهم التي لم يشاركهم فيها غيرهم.. كانوا سادات الورى وأئمة الهدى)(44).

(44) عبد الله بن علوي الحداد، إتحاف السائل بجواب المسائل، (ص87).

- تعريف الإمام أحمد بن زين الحبشي بقوله: (والصحب هم المجالسون والمعاشرون له بالاتباع والنصرة في رضى رب العالمين)(45).

ومعاوية غير داخل في التعريفين السابقين، فمن كان يرى تعريف الصحابة ما سبق.. لن يدخل معاوية في ترضيه على جميعهم.

2) لا يلزم من الترضي على جميع الصحابة دخول معاوية وإن قلنا بالتعريف المشهور المتقدم؛ لأسباب منها:

- عدد من العلويين وأبرزهم الحبيب محمد بن عقيل بن يحيى يرون أن معاوية مات على غير الإيمان، ومن مات على غير الإيمان لا يكون صحابيا.

- ثبت عن عدد منهم لعن معاوية.. وذلك مخصص لدخول معاوية في ترضيهم عن جميع الصحابة؛ إذ اللعن الطرد من رحمة الله وذلك منافٍ للترضي.

ومما يرجح هذين الاحتمالين ما سبق من عدم ترضيهم عنه إذا ذُكر وحده، فلو كان داخلا في الترضي عنه جملة.. لترضوا عليه إذا ذكر وحده، فعليهم إثبات ترضيهم عليه بعينه حتى يدخل في ترضيهم على جميع الصحابة إجمالا لا العكس.

ومما يندرج في هذا الباب عمل السادة آل باعلوي من الترضي على جميع الصحابة قبل كل صلاة من الصلوات الخمس، ولا يخفى ما فيه من المصلحة وغرس تعظيم الصحابة في قلوب العوام.

* * *

---

(45) أحمد بن زين الحبشي، الروض الناضر شرح قصيدة الحمد لله الشهيد الحاضر، (ص75).

المطلب الثالث/ لا يلزم من الترضي المحبة

من أبرز أدلة المحتجين بأنّ مذهب السادة آل باعلوي موافقة الأشاعرة في حبهم لمعاوية ابن أبي سفيان عدّهم لنصوص متفرقة من كتبهم توجد فيها الترضي عن معاوية، أو الأمر بالترضي عنه أو تسويده، وسنناقش كل تلك النصوص لاحقا، ولكن لو سلّمنا لهم بثبوت كل ذلك.. لما لزم منه حبهم لمعاوية.

فهؤلاء لم يفرقوا بين الحب والترضي والتسويد؛ إذ ليس بين الثلاثة لزوم حتى يلزم من واحد آخر، فكما لا يلزم من محبٍّ له الترضي عنه.. لا يلزم من مترضٍّ عنه محبته، فقد يترضى عنه من لا يحبه لمجرد كونه صحابيا، وكذا يقال فيمن سوّده، وتنزّلا لو قلنا بكونه لازما.. فليس لازم المذهب بمذهب، قال العلامة ابن قاسم:

(قوله: «**أن لازم المذهب**» ظاهره وإن كان لازما بيّنًا وهو ظاهر؛ لجواز أن لا يعتقد باللازم)(46)، فعلى من ادّعى محبة العلويين لمعاوية الإتيان بنص صريح من أحد أئمتهم فيه التصريح بحب معاوية معيّنا، لا نصّا عاما بحب الصحابة ولو جميعهم، فإنّه مخصَّص بما نقلناه.

* * *

---

(46) ابن قاسم، حاشيته على تحفة المحتاج، (9/ 86).

المطلب الرابع/ وجوب حب المؤمن

يستدل كثيرون من الذين يدعون إلى محبة معاوية بقولهم إنه مؤمن صحابي، فلا بد من محبته لاتصافه بذلك، فقولكم بعدم حبكم لمعاوية يلزم منه عدم حبكم للصحبة أو للإيمان.

وهذا مردود من أوجه، منها:

أولا: ما سبق من أن لازم المذهب ليس بمذهب.

ثانيا: لا يوجد مؤمن غير محبٍّ لِصُحْبة النبي صلى الله عليه وآله وسلم أو غير محب للإيمان بالله تعالى؛ إذ القول بذلك كفر، فما قاله العلويون من أنهم لا يحبون معاوية لا يعني عدم حبهم لصحبته وإيمانه وما قد اتصف به من صفات حسنة، فعندما يقول القائل بأنه لا يحبه يقصد أنه لا يحب ذاته بسبب أعماله الشنيعة، ولا يلزم من ذلك أنه يبغض الأعراض التي قامت به؛ ككونه صحابيا أو مؤمنا أو أبيضا أو ووسيما أو طويلا مثلا.

فلو فرضنا أنّ زيدا إنسان طويل جميل وقال عمرو بأنه لا يحبه.. فإنه يقصد أنه لا يحب ذات زيد، ولا يلزم من ذلك أنّه لا يحب الطول أو الجمال، فإنه قد يحبهما.

فكما لم يدخل عدم حبه للطول والجمال في عدم حبه لزيد لم يدخل عدم حب الصحبة أو الإيمان فيمن لم يحب معاوية، فكل ذلك عوارض خارجة عن الذات.

ولِمَا سبق لم يكن بغض ذات أحد من الأنصار كفرا إلا إن أبغضه لكونه نصر النبي صلى الله عليه وآله وسلم؛ كما صرح به ابن حجر[47]، فلم يكن البغضُ لذات

(47) قال الحافظ ابن حجر [النكت على صحيح البخاري، (1/ 258)]: (فيحمل على تقييد البغض بالجهة، فمن أبغضهم من جهة هذه الصفة وهي كونهم نصروا رسول الله صلى الله عليه وآله وسلم.. أثر ذلك في تصديقه فيصح أنه منافق).

معين بغضًا لما اتصفت به الذات، ولا يقول أحد من السادة آل باعلوي الذين لا يحبون معاوية أو ممن يبغضونه بأنَّه لأجل صحبته أو إيمانه، فلا وجه للاعتراض.

ومن الجدير التنبيه إلى التفرقة بين قولنا: «لا نحب ذات فلان» وبين قولنا: «لا نحب فلانا لذاته»، فالأول كان عدم الحب لسببٍ؛ كارتكابه للمعاصي، فإذا تحول ذلك إلى ضده.. أحبّه، أما الثاني.. فيكون عدم المحبة وصفا لازما له، سواء أفعل الطاعات أم المعاصي، فالمحذور الثاني لا الأول.

والعجب من هؤلاء حين يعترضون على إطلاق من قال بأنه لا يحب معاوية أو يبغضه ثم لا يعترضون على من أطلق البغض في الذوات مثل الإمام الحداد حيث قال: (وعليك بالحب في الله والبغض في الله؛ فإنه من أوثق عرى الإيمان، وقال رسول الله صلى الله عليه وآله وسلم: «**أَفْضَلُ الأَعْمَالِ الحُبُّ فِي اللهِ وَالبُغْضُ فِي اللهِ**»، فإذا أحببتَ العبد المطيع لله لكونه مطيعا أو **أبغضت العاصيَ لله لكونه عاصيًا لا لغرض آخر**.. فأنت ممن يحب في الله ويبغض في الله حقيقة، وإذا لم تجد في نفسك محبة لأهل الخير لخيرهم وكراهة لأهل الشر لشرهم.. فاعلم أنك ضعيف الإيمان)[48].

وقال رضي الله عنه: (ولا يجاهر ولا يتظاهر بها [أي المعاصي] إلا من لا خوف معه من الله ولا حياء، **فليبغضهم** ويعاديهم ما لم يخش فتنة)[49]، وقال: (**ونبغض العاصي**)[50]، فقد علّق الإمام الحداد البغض بالعاصي؛ أي ذاته، لا أعماله، وهو كما قرره حفيده الحبيب علوي بن أحمد الحداد فلم يفصل بين الذوات والأفعال[51].

---

(48) عبد الله بن علوي الحداد، رسالة المعاوية والمظاهرة والمؤازرة، (ص90).

(49) عبد الله بن علوي الحداد، تثبيت الفؤاد، (3/ 1717)، وأنبه إلى أن المقصود من إيراد نصوص القطب الحداد هو الاستدلال بتعلق الحب والبغض بالذوات.

(50) عبد الله بن علوي الحداد، المكاتبات، (1/ 376).

(51) علوي بن أحمد الحداد، كشف الجلي، (ق/ 414-418).

فما سبق يبطل قول الذابين بأنّ الحب والبغض يتعلقان بالأفعال لا الذوات، ويؤيد ذلك قوله صلى الله عليه وآله وسلم: «**الْمَرْءُ مَعَ مَنْ أَحَبَّ**»[52]، وقال المباركفوري في شرحه: (أي: يحشر مع محبوبه، ويكون رفيقا لمطلوبه... وظاهر الحديث العموم الشامل للصالح والطالح، ويؤيده حديث: «**الْمَرْءُ عَلَى دِينِ خَلِيلِهِ**»؛ كما مر، ففيه ترغيب وترهيب، ووعد ووعيد)[53]، فمن أحب الكفار.. كان معهم، ولا أثر في حبه لأعمالهم من عدمه.

وقد صرح الإمام الشاطبي رحمه الله بتعلقه بالذوات، فقال: (الحب والبغض مطلقٌ في الذوات والصفات والأفعال، فتعلقهما بها تعلق بالماهية من حيث أنها ذات أو صفة أو فعل)[54].

وقال إمامنا الشافعي رضي الله عنه:

وأكره من بضاعته المعاصي … ولو كنا سواء في البضاعة

فقوله: «من» اسمُ موصول، فقد علق الإمام الشافعي رضي الله عنه الكره بذوات معينة لا أفعال، وما أكثر ترديدنا للبيت دون تأمل!

ولو قلنا بأن الحب والبغض متعلقان بالأفعال فقط.. فلا معنى لكونه من أوثق عرى الإيمان ولا من الحث ولا الأمر به، فإنَّ الحسن والقبح عقليان اتفاقا في منافرة الطبع وملاءمته[55]، ومن طبع المؤمن بغض الأفعال السيئة.

* * *

(52) رواه البخاري (6168) ومسلم (2640).
(53) المباركفوري، تحفة الأحوذي، (7/ 51).
(54) الشاطبي، الموافقات، (2/ 193).
(55) زكريا الأنصاري، غاية الوصول في شرح لب الأصول، (ص7).

المطلب الثالث

موقف السادة آل باعلوي من لعن معاوية

المطلب الأول/ قول السادة آل باعلوي بأنّ معاوية كان ناصبيا

المطلب الثاني/ حكم لعن المعين عند الشافعية وذكر الخلاف

«فائدة» حكم اللعن على القول بجوازه

المطلب الثالث/ اختلاف السادة آل باعلوي في حكم لعن معاوية

المطلب الرابع/ اختلاف السادة آل باعلوي في حكم السب

«فائدة» هل يموت من طعن في معاوية خارج تريم؟

المطلب الخامس/ اختلاف السادة آل باعلوي في حكم بغض معاوية

المبحث الثالث/ موقف السادة آل باعلوي من لعن معاوية

المطلب الأول/ قول السادة آل باعلوي بأنّ معاوية كان ناصبيا

لا يرى أهل السنة ثبوت شيء من سب معاوية أو لعنه لأمير المؤمنين علي عليه السلام، بل يرون أنّ ذلك كله من وضع الروافض، وأما السادة آل باعلوي.. فلا يرون ذلك، فقد صرّح كثير منهم بكون معاوية ناصبيا، وبأنه كان يسب ويلعن ويبغض أمير المؤمنين عليا عليه السلام، فكان ذلك من أكبر الدوافع الدافعة للعنه عند من رأى جوازه.

أما العلامتان ابنا شهاب وعقيل.. فإنهما صرحا بكون معاوية من النواصب وأشبعا في الاستدلال بذلك؛ كما هو متواتر عنهما، وسيأتي ذكر ما كتبا في ذلك.

ومن التهور لدى ألسنة كثيرين أنّ العلامتين شذّا عن السادة آل باعلوي بقولهما، وليس الأمر كذلك، فممّن صرح أيضا بأنّ معاوية كان يلعن الإمام عليا عليه السلام الإمام العلامة علوي بن أحمد بن حسن بن عبد الله الحداد، فقال: (وأما معاوية **ومما يتعاطاه على المنابر من لعن علي** كرم الله وجهه ورضي عنه **فلأجل الملك**)[56].

وقد قرره كذلك الحبيب علوي بن طاهر الحداد في قوله: (**وكثير من النواصب عادوه عليه السلام**؛ ابتغاء عرض الدنيا، وشواهد ذلك كثيرة، وحسبك بقول ذلك **الذي رقى**[57] منبر رسول الله صلى الله عليه وآله وسلم فقال للأنصار: إني ما قاتلتكم إلا لأتولى عليكم، فها أنا قد توليت)[58]، ثم قرر

---

(56) علوي بن أحمد الحداد، أحسن القول والخطاب في بيان أفضلية الأصحاب أنها ظنية على الصواب، (ق/ 30).

(57) وهو معاوية ابن أبي سفيان كما في «البداية والنهاية» لابن كثير (11/ 429).

(58) علوي بن طاهر الحداد، إقامة الدليل على أغلاط الحلبي في نقده العتب الجميل، (ص282) ملحق بالعتب الجميل بتحقيق عبد الله العلوي.

أن معاوية كان يبغض ويعادي ويسب ويلعن الإمام عليا عليه السلام فيقول: (فقد جرحوا[59] الصحابي عامر بن الطفيل لمحبته لعلي عليه السلام، **ولم يجرحوا معاوية لبغضه وعدواته وسبه ولعنه له)**[60]، يصرح بذلك أيضا العلامة مفتي الشافعية الحبيب حسين بن محمد بن حسين الحبشي فيقول: (ويكفيك في العقيدة السليمة أن تعتقد صحة خلافة أبي بكر وعمر وعثمان وعلي رضوان الله عليهم أجمعين، ثم تعلم أنّ عليًّا أمير المؤمنين ومعاوية كانا على القتال والخصام وكان الطائفتان يسب بعضهم بعضًا)[61].

وبما سبق نقطع بدخول معاوية في قول الإمام الحداد: (ومِن قَبْله قُتل أمير المؤمنين علي بن أبي طالب **ولُعن على المنابر في أكثر أيام بني أمية)**[62]، وقوله: (حتى **لعنوه على المنابر)**[63].

فتعين أنه لم يقل: «**أكثر أيام بني أمية**» ليخرج أيام معاوية، وفي قوله: «**ومن قبله**» تصريح منه بذلك لمن تأمل، فإنه رضي الله عنه بعد أن ذكر تسميم الإمام الحسن عليه السلام قال: «**ومن قبله**» أي: من قبل تسميمه قُتل الإمام علي ولُعن على المنابر فتعين أنّه كان يُلعن قبل خلافة سيدنا الحسن، أي: في خلافة سيدنا علي، وكان ذلك من حين بغى معاوية.

وإنما قال الإمام الحداد: «**في أكثر**» ليخرج أيام سيدنا عمر بن عبد العزيز، وهو من كف لعن أمير المؤمنين كما يصرح به الإمام الحداد بقوله: (هو[64] **الذي**

(59) أي: أهل الجرح والتعديل.

(60) علوي بن طاهر الحداد، إقامة الدليل على أغلاط الحلبي في نقده العتب الجميل، (ص296) ملحق بالعتب الجميل بتحقيق عبد الله العلوي.

(61) نقله عن الشيخ محمد بن أحمد بافضل محتجاً به، ثم عقبه بقوله: (وهو الذي نعتقده ولا نعتقد خلافه)، ينظر «صلة الأهل» للشيخ محمد بن عوض بافضل (ص261-264).

(62) عبد الله بن علوي الحداد، المكاتبات، (1/ 204).

(63) أحمد بن حسن الحداد، تثبيت الفؤاد، (2/ 451).

(64) أي: عمر بن عبد العزيز رضي الله عنه.

نهى عن لعن أمير المؤمنين علي بن أبي طالب كرم الله وجهه على المنابر... وما أحسن قول الشريف الرضي في عمر بن عبد العزيز:

يَـابنَ عبـدِ العزيـزِ لـو بكـتِ العَيـــ
ــــنُ فتًـى مِـن أميَّـةٍ لَبَكَيتُـكْ
[غَـيرَ أَنِّي أَقـولُ إِنَّـكَ قَـدْ طِبْــ
ــتَ وَإِن لَمْ يَطِـبْ وَلَمْ يَـزْكُ بَيتُـكْ](65)
أَنْـتَ نَزَّهتَنَـا عَـنِ السَّـبِّ وَالقَـذْ
فِ، فَلَـو أَمْكَـنَ الجَـزَاءُ جَزَيتُـكْ
[وَلَـو أَنِّي رَأيـتُ قَـبرَكَ لَاستَحــ
ــيَيتُ مِـنْ أَنْ أُرَى وَمَـا حَيَّيتُـكْ
وَقَلِيـلٌ أَنْ لَـو بَـذَلتُ دِمَـاءَ الـــ
ـبُدنِ حُزنًا عَلَى الذُّرَى وَسَـقَيتُكْ](66)
دَيـرَ سَـمْعَانَ(67) لَا أَغَبَّـكَ غَـادٍ
خَيرُ مَيتٍ مِـنْ آلِ مَـرْوَانَ مَيتُـكْ(68)

* * *

(65) ليس في الأصل وزدته من الديوان.
(66) ليس في الأصل وزدته من الديوان.
(67) دير سمعان: دير بنواحي دمشق، عنده قبر عمر بن عبد العزيز.
(68) عبد الله بن علوي الحداد، الفصول العلمية والأصول الحكمية، (ص90)، وديوان الشريف الرضي، (1/ 206).

المطلب الثاني/ حكم لعن المعين عند الشافعية وذكر الخلاف

من الأمور التي تكاد أن تكون من المسلمات القطعية أو معلوما بالدين بالضرورة عند كثيرين عدم جواز لعن أحد بعينه إلا إذا مات على الكفر، بل يعد كثير منهم اللعن بأنه أمر مذموم مطلقا، ولكن هذا غير صحيح، فالخلاف ثابت ومشهور بين أهل العلم في حكم جواز لعن المعيّن، بل اختلف فقهاء الشافعية أنفسهم في حكمه.

فممّن جوز لعن المعين الإمام النووي في «الأذكار»، ونصّه: (وأما لعن الإنسان بعينه ممن اتصف بشيء من المعاصي؛ كيهودي، أو نصراني، أو ظالم، أو زان، أو مصور، أو سارق، أو آكل ربا.. **فظواهر الأحاديث أنه ليس بحرام**)(69).

ورجحه أيضا الإمام البلقيني، قال الحافظ ابن حجر: (**واحتج شيخنا البلقيني على جواز لعن المعين** بالحديث الوارد في المرأة إذا دعاها زوجها إلى فراشه فأبت.. لعنتها الملائكة حتى تصبح، وهو في الصحيح، وقد توقف فيه بعض من لقيناه بأنّ اللاعن لها الملائكة فيتوقف الاستدلال به على جواز التأسي بهم، وعلى التسليم فليس في الخبر تسميتها، **والذي قاله شيخنا أقوى**؛ فإنّ الملك معصوم والتأسي بالمعصوم مشروع، والبحث في جواز لعن المعين؛ وهو الموجود)(70).

وقد توسع في بيان هذه المسألة العلامة الحبيب أبو بكر ابن شهاب، حيث بيّن أدلة كل قول ثم ذكر القول الراجح ورد على المرجوح، فقال رضي الله عنه: (ثم اختلفوا في جواز لعن المسلم المعين إذا تحققت فيه صفةٌ من مسوغات لعنه؛ كلَعَنَ الله زيدا الشارب، وعمرا المفسد في الأرض، فقال قوم منهم الزين ابن

---

(69) النووي، الأذكار، (ص354).
(70) ابن حجر العسقلاني، فتح الباري، (12/ 76).

المنير كما ذكره في الفتح والغزالي وتبعهم كثير: لا يجوز لعن المسلم المعين، واستدلوا على المنع بقول النبي صلى الله عليه وآله وسلم في حديث حمار: «**لَا تَلْعَنُوهُ، فَوَاللهِ مَا عَلِمْتُ أَنَّهُ يُحِبُّ اللهَ وَرَسُولَهُ**»(71)، وفي رواية: «**لَا تَكُونُوا عَونَ الشَّيطَانِ عَلَى أَخِيكُمْ**»(72)، وبأنه في حق غير المعين زجر عن تعاطي ذلك الفعل، وفي حق المعين أذى للمسلم وسب ودعاء عليه.

وقال آخرون بالجواز مطلقا على المعين والمبهم، لكن:

قال بعضهم إلا ما كان بحضرته صلى الله عليه وآله وسلم؛ لئلا يتوهم الشارب عند عدم الإنكار أنه مستحق لذلك، فربما أوقع الشيطان في قلبه ما يتمكن به من فتنته، قال ابن حجر في «الفتح»: (وإلى ذلك الإشارة بقوله في حديث أبي هريرة: «**لَا تَكُونُوا عَونَ الشَّيطَانِ عَلَى أَخِيكُمْ**»(73))(74).

وقال بعضهم يجوز لعن المعين المسلم إلا من أقيم عليه الحد؛ للحديث السابق؛ ولأن الحد قد كفّر عنه الذنب المذكور.

وقال بعضهم بالجواز في حق المجاهرين مطلقا وبالمنع في حق ذي الزلة.

وقال بعضهم بالجواز مطلقا لكن مع الكراهة، وإليه ميل البخاري ترجم له «**مما يكره من اللعن**»(75).

واحتج مجيزو لعن المعين بأنّ النبي صلى الله عليه وآله وسلم لعن من يستحق اللعن كافرا كان أو مسلما، فيستوي المعين وغيره؛ لأن الكلي لا وجود له إلا في أفراده المشخصة المعينة، ومتى ارتفع الحكم عن الأفراد.. لم يبقَ للحكم محل يقوم به.

---

(71) أخرجه البخاري «6790».

(72) أخرجه البخاري «6781».

(73) تقدم تخريجه.

(74) ابن حجر العسقلاني، فتح الباري، (12/ 76).

(75) أي: باب ما يكره من لعن شارب الخمر (8/ 158).

واحتج الإمام أحمد ابن حنبل فيما نقله ابن الجوزي عنه على لعن يزيد وهو عنده مسلم بقوله تعالى: ﴿ فَهَلْ عَسَيْتُمْ إِن تَوَلَّيْتُمْ ...﴾ [محمد:22] الآية.

واحتج البلقيني على ما قاله المهلب من جواز لعن المعين بالحديث الصحيح الوارد في المرأة إذا دعاها زوجها إلى فراشه فأبت.. لعنتها الملائكة حتى تصبح.

وصرح الإمام النووي في «الاذكار» بأنّ ظواهر الأحاديث تدل على الجواز، قال: (وأما لعن الإنسان بعينه ممن اتصف بشيء من المعاصي؛ كيهودي أو نصراني أو ظالم أو زان أو مصور أو سارق أو آكل ربا.. فظواهر الأحاديث تدل على أنه ليس بحرام)، قال: (وأشار الغزالي إلى تحريمه)(76) انتهى.

واحتجوا أيضا بحديث مسلم عن جابر أن النبي صلى الله عليه وآله وسلم رأى حمارا قد وُسِم في وجهه فقال: «**لَعَنَ اللهُ الذِي وَسَمَهُ**»(77)، والواسم واحد معهود بالموصول، والمعهود معين.

واحتجوا أيضا بأنّ النبي قد لعن أناسا معينين بأسمائهم وماتوا على الإسلام؛ كأبي الأعور السلمي، والحكم ابن أبي العاص، وابنه مروان، وسهيل بن عمرو، وأبي سفيان بن حرب، وعمرو بن العاص وغيرهم.

وقول الغزالي رحمه الله كما في «الأذكار»: (وأما الذين لعنهم رسول الله صلى الله عليه وآله وسلم بأعيانهم.. فيجوز أنه علم موتهم على الكفر) من أبعد التأويلات.

وقد احتج المؤلف على الجواز بآية اللعان أيضا(78)؛ وهي من أقوى ما يحتج

---

(76) النووي، الأذكار، (ص354).

(77) أخرجه مسلم «2117».

(78) قال الحبيب محمد بن عقيل بن يحيى [النصائح الكافية، (ص23)]: (وقد لعن الله تعالى القاذفين للمحصنات الغافلات المؤمنات في قوله تعالى: ﴿إِنَّ ٱلَّذِينَ يَرْمُونَ ٱلْمُحْصَنَٰتِ ٱلْغَٰفِلَٰتِ ٱلْمُؤْمِنَٰتِ لُعِنُوا۟ فِى ٱلدُّنْيَا وَٱلْءَاخِرَةِ وَلَهُمْ عَذَابٌ عَظِيمٌ ﴿٢٣﴾﴾ [النور:23]، وأفضل وأعف من قذف =

به، وقد مر بيان الدليل منها[79]، وقد ذكر أيضا لعن جماعة من الصحابة والتابعين ومن بعدهم أناسا معينين[80]، وذكر منهم كثيرا يغنينا سرده لهم عن إعادته هنا.

ويجاب عن أدلة المانعين المتقدمة بأنه:

ليس في سياق حديث حمار ما يدل ولو باحتمال أن علة النهي عن لعن حمار تعيينه؛ لأنّ التعيين وصف طردي لا يدل على حكمة؛ كالبياض والسواد والطول والعرض ونحوها، ولو قلنا بانتفاء طرديته.. فهو فاسد الاعتبار؛

منهن عائشة أم المؤمنين رضي الله عنها، ومن قاذفيها حسان بن ثابت – وهو من قد علمت –، ومسطح بن أثاثة – وهو بدري –، وقد حدهما النبي صلى الله عليه وآله وسلم، ولو كان اللعنُ من الله أو من رسوله مدخلاً للمسلم في زمرة الكفار.. لكان الواجب على القاذف القتل لا الحد)، وقال [ص33]: (وأقوى الحجج في مشروعية لعن المعين كتاب الله تعالى، حيث قال في يمين الملاعن: ﴿وَٱلۡخَٰمِسَةُ أَنَّ لَعۡنَتَ ٱللَّهِ عَلَيۡهِ إِن كَانَ مِنَ ٱلۡكَٰذِبِينَ ٧﴾ [النور:7]، وقد حلّف النبي صلى الله عليه وآله وسلم الملاعن مكررا، وجعل ذلك شرعة باقية في أمة محمد صلى الله عليه وآله وسلم إلى يوم القيامة، والتعيين هنا بضمير المتكلم أقوى من التعيين بالاسم العلم – كما هو مذكور في محله من كتب العربية –، ولم يقل أحد من الأئمة أصلا بكفر الكاذب من المتلاعنين حتى يوجه قول الغزالي ومن تبعه أن اللعن بالتعيين لا يجوز إلا على الكافر).

(79) قال الحبيب أبو بكر ابن شهاب ردا على اعتراض الحبيب حسن ابن شهاب [وجوب الحمية، (ص77)]: (إن المؤلف إنما أورد هذه الآية محتجا بها على مشروعية لعن المسلم الوارد في هذه الآية، واحتجاجه بها صحيح؛ لأن الملاعن المعين مسلم اتفاقا، بر في يمينه أو فجر، وقد أمره الله ورسوله بأن يجعل لعنة الله عليه إن كان كاذبا، وكذبه على الزوجة لا يخرجه عن الإسلام اتفاقا، فثبت بهذا أن الكتاب والسنة لعن المسلم المعين؛ كما ذكر المؤلف، أما قول المعترض: «فأين اللعن من اللعان».. فلا معنى له؛ لأن اللعن في اللعان وغيره معناه الطرد والابعاد اتفاقا، نعم، لا ينكر التفاوت في شدة الطرد والابعاد وتخفيفه؛ لتفاوت موجباته في المخالفة، فطرد الكافر لكفره والمنافق لنفاقه أشد من طرد الواشمة والنامصة، وقد ذكر هذا الفرق المؤلف في صدر «النصائح»، وأما قول المؤلف: «ولم يقل أحد بكفر الكاذب من المتلاعنين».. فمفاده – وإن لم يفهمه المعترض – أنه لو قال أحد بكفر الكاذب من المتلاعنين.. لم يتم الاحتجاج على لعن الكافر الحي المعين الذي منعه بعضهم أيضا، ودعوى المعترض أن هذا خبط وغلط هو عين الخبط والغلط).

(80) ذكر الحبيب محمد بن عقيل زهاء ثلاثين مثالا من ذلك في «النصائح الكافية» (ص33-36).

لمخالفته نص الكتاب في آية اللعان ونص الحديث في الممتنعة من زوجها وغيره، وفساد الاعتبار قادح في العلية كما ذكره الأصوليون، على أنّ التعيين لا ينطبق على شيء من مسالك العلة التي ذكروها، ولكن العلة في النهي عن لعن حمار هي حبه لله ورسوله حبا عَلِمَه المعصوم وجَهِلَه الصحابة، فإنّ وجود الفاء في الوصف الذي عقب الحكم به نص ظاهر في عليته له؛ كحديث الصحيحين في المحرم الذي وقصته ناقة: «**لَا تُمِسُّوهُ طِيبًا وَلَا تُخَمِّرُوا رَأْسَهُ؛ فَإِنَّهُ يُبْعَثُ يَومَ القِيَامَةِ مُلَبِّيًا**»(81).

فإن قيل: كل مؤمن يحب الله ورسوله فيقاس على ذلك امتناع لعن كل مؤمن مطلقا.

قلنا: لا يصح القياس عليه؛ لأنه حب مخصوص لله ورسوله أخبر عنه المعصوم، فيقاس عليه من تحقق حبه الخاص بخبر المعصوم لا مطلق الحب، ولِنقض القياس بالأحاديث الواردة في اللعن مطلقا ومعينا على كثير من المسلمين.

ويجاب عن الاستدلال بأنه في حق غير معين زجر عن تعاطي ذلك الفعل، وفي حق المعين أذى للمسلم وسب ودعاء عليه **بأنه** في لعن المعين أزجر عن تعاطيه منه في لعن المبهم، وبأنّ أذى المسلم وسبه والدعاء عليه لا تمنع عند وجود مسوغاتها، بل هي إما مطلوبة أو مباحة، فالحدود كلها أذى للمسلم بحق، وسب الأشرار كذلك، ولا غيبة لفاسق بما فيه، بل جاء في الصحيح: «**احْتَكُوهُ يَحْذَرْهُ النَّاسُ**»(82)، والدعاء على المسلم بعينه إذا خالف الحكم الشرعي جائزٌ، ففي صحيح مسلم دعاء النبي على الرجل - الذي قال له: «**كُلْ بِيَمِينِكَ**» فقال: لا أستطيع - بقوله: «**لَا اسْتَطَعْتَ**»، فما رفعها إلى فيه(83)، قال

(81) أخرجه البخاري «1267»، ومسلم «1206».
(82) أخرجه بمعناه الطبراني «1010»، والبيهقي «21442».
(83) أخرجه مسلم «2021».

النووي: (ففيه جواز الدعاء على من خالف الحكم الشرعي)[84]، وصح أنه عليه السلام قال: «**اللهُمَّ لَا تَغْفِرْ لَهُمْ**» - ثلاثا -، وقد جاء عنه عليه وآله الصلاة والسلام الأمر بالدعاء على منشد الشعر في المسجد بـ«**فَضَّ اللهُ فَاكَ**»[85]، وعلى المتجر فيه بـ «**لَا أَرْبَحَ اللهُ تِجَارَتَكَ**»[86]، وعلى منشد الضالة فيه بـ «**لَا رَدَّهَا اللهُ عَلَيكَ**»[87]، وكل هؤلاء معينون بضمير الخطاب أو الاسم العلم، وجاء في الصحيحين أيضا دعاء سعد بن أبي وقاص على أسامة بن قتادة بقوله: (اللهم إن كان عبدك هذا كاذبا قام رياء وسمعة.. فأطلْ عمره وأطلْ فقره وعرضه للفتن)[88]، وسعد يعلم حين دعا أنه كاذب، وجاء فيهما أيضا دعاء سعيد بن زيد على أروى بنت أوس بقوله: (اللهم إن كانت كاذبة.. فأعمِ بصرها واقتلها في أرضها)، قال: فما مات حتى ذهب بصرها، وبينما هي تمشي في أرضها وقعت في حفرة فماتت، قال الإمام النووي: (اعلم أن هذا الباب - يعني باب الدعاء على الظالم - واسع جدا، وقد تظاهر على جوازه نصوص الكتاب والسنة وأفعال سلف الأمة وخلفها)[89].

إذا وقفت أيها المنصف على ما ذكر من الخلاف ثم رجعت إلى الأدلة من الطرفين.. عرفتَ أن القول بالجواز أرجح وأقوى؛ كما ذكر المؤلف[90]، بل هو الحق إن شاء الله ولا تثريب على من أداه النظر إلى خلاف ما يقوله الآخر، وكل يعمل بما يعتقد صحته وليس له أن ينكر على غيره، والله أعلم)[91].

---

(84) النووي، شرح مسلم، (13/ 192).

(85) أخرجه الطبراني «1454».

(86) أخرجه ابن حبان في صحيحه «1650».

(87) أخرجه مسلم «568».

(88) أخرجه البخاري «755» ومسلم «453»، واللفظ للبخاري.

(89) النووي، الأذكار، (ص305).

(90) أي: مؤلف «النصائح الكافية» وهو الحبيب محمد بن عقيل بن يحيى.

(91) أبو بكر ابن شهاب، وجوب الحمية، (ص79-82).

وأما ما يقال من أن اللعن سفه أو عبث والأفضل تركه.. فقد بيّن بطلانه الحبيب أبو بكر ابن شهاب بقوله:

(أما قول من قال أنّ اللعن من السفه ولا فائدة فيه.. فإن عنى به اللعن الممنوع؛ وهو لعن من لا يستحق اللعن.. فقوله حق، وإن أراد مطلق اللعن أو اللعن الجائز.. فقوله مردود عليه مضروب به في وجهه، **وكيف يكون سفها وقد كرره الله في كتابه أكثر من مائة مرة**؟ أم كيف يكون كما ذكروا **وقد روي عن سيد الحكماء صلى الله عليه وآله وسلم ما يصعب حصره ويعسر عده**؟ وأين يطلب الرشد وأين تطلب الفائدة إذا كان ما تكرر في كتاب الله تعالى وحديث رسوله صلى الله عليه وآله وسلم سفها لا فائدة فيه؟)[92].

أما ما جاء من النصوص التي تذم اللعن فقال العلامة الحبيب أبو بكر ابن شهاب: (حيث علمت ما جاء في كتاب الله تعالى وسنة رسوله عليه وآله الصلاة والسلام من مسوغات اللعن على من قام به شيء منها.. فلا يعزب عن ذهنك ما ورد من النهي عن أصل اللعن في السنة الشريفة وشدة الوعيد على مقترفه؛ كحديث الصحيحين: «**لَعْنُ الْمُسْلِمِ كَقَتْلِهِ**»[93]، وكحديث الترمذي: «**لَيسَ الْمُؤْمِنُ بِالطَّعَّانِ وَلَا بِاللَّعَّانِ وَلَا الفَاحِشِ وَلَا البَذِيءِ**»[94]، وكحديث: «**لَا يَنْبَغِي لِصِدِّيقٍ أَنْ يَكُونَ لَعَّانًا**»[95]، وكحديثه أيضا: «**اللَّعَّانُونَ لَا يَكُونُونَ شُفَعَاءَ وَلَا شُهَدَاءَ يَومَ القِيَامَةِ**»[96] إلى غير ذلك.

فاللعن أشبه بالحدود المشروعة على مرتكبي الجرائم؛ من القتل والرجم والصلب وقطع الأيدي والأرجل والتغريب؛ فإنّ هذه كلها من الكبائر المنهي

(92) أبو بكر ابن شهاب، وجوب الحمية، (ص82-83).

(93) أخرجه البخاري «6105» ومسلم «110».

(94) أخرجه الترمذي «1977».

(95) أخرجه مسلم «2597».

(96) أخرجه مسلم «2598».

عنها، غير أنّ الله شرعها على من ارتكب شيئا من موجباته؛ عقوبة وزجرا لهم وحكمة بالغة منه تبارك وتعالى.

فإن قيل: ما معنى قول النبي صلى الله عليه وآله وسلم كما في صحيح مسلم وغيره: «إِنِّي لَمْ أُبْعَثْ لَعَّانًا وَإِنَّمَا بُعِثْتُ رَحْمَةً»(97) مع أنه ورد في الصحيح أنه قد لعن كثيرا بالوصف وكثيرا بالعين كما مر، وهل بين هذه الأحاديث تعارض أو هناك جامع بينهما؟

قلت: ليس بين تلك الأحاديث تعارض؛ لاختلاف موارد اللعن فيها، فإنّ مورد الإيجاب من يستحق اللعن من الكافرين والظالمين وغيرهم ممن شرع الله ورسوله لعنهم كما مر بك، ومورد السلب من لا يستحق اللعن ممن لم يرتكب شيئا من موجباته أو ارتكبها ثم عُلم وجود مانع عن لعنه؛ كحب الله ورسوله من حمار أو غير ذلك، ولو كان المورد واحدا.. لحصل التعارض بل التناقض المنزه عنه كلام الله ورسوله، وقد ذكر المؤلف اندفاع التعارض بين هذه الأحاديث بمثل هذا وهو أحسن ما يدفع به(98)، غير أنّ المعترض أبى ذلك،

―――――
(97) أخرجه مسلم «2599».
(98) قال الحبيب محمد بن عقيل بن يحيى [النصائح الكافية، (ص36)]: (نعم، عورض مطلق اللعن بأحاديث في منعه لا منع التعيين بخصوصه؛ كقوله عليه وعلى آله الصلاة والسلام: «ليس المؤمن بالسباب ولا بالطعان ولا باللعان»، وكقوله عليه وعلى آله الصلاة والسلام: «المؤمن لا يكون لعانا»، وهذه وما شاكلها بلا ريب هي في لعن من لا يستحق اللعن، وإلا.. لم يندفع التعارض فيحصل الخلاف في كلام الله وكلام رسوله، وهما منزهان عن ذلك، وسأزيدك إيضاحا لتزداد اطمئنانا، فقد أخرج مسلم في صحيحه والبخاري في الأدب عن حفصة رضي الله عنها قول رسول الله صلى الله عليه وآله وسلم: «إني لم أبعث لعانا وإنما بعثت رحمة» انتهى. نفى صلى الله عليه وآله وسلم عن نفسه أن يكون لعانا يوم البعث وهو الصادق المعصوم، وقد ثبت أنه لعن كثيرا بالوصف ولعن كثيرا بالعين، ولا ريب أنّ لعنه إياهم كان حقا، ولولا اختلاف موضوع القضيتين.. لكان تناقضا، وهو ممتنع في كلامه صلى الله عليه وآله وسلم قطعا، فتعين أن اللعن المنفي صدوره عنه صلى الله عليه وآله وسلم هو ما كان عن غير استحقاق، وأن اللعن الذي ثبت وقوعه عنه عليه السلام هو لعن من استحق اللعن، ولزم أن يكون اللعن الذي نهى عنه صلى الله عليه وآله وسلم أمته كما تقدم هو ما نفى صدوره عن نفسه لا ما فعله هو، وهو الأسوة الحسنة للمؤمنين، رزقنا الله الاتباع لسنته والانقياد لما جاء به).

وكأنه التزم رد كل ما يقوله المؤلف ولو كان مجمعا عليه)[99].

ونقل الحبيب العلامة أبو بكر ابن شهاب عن الحبيب حسن ابن شهاب قوله: (إنه صلى الله عليه وآله وسلم قال: «**لَمْ أُبْعَثْ لَعَّانًا**» بصيغة التكثير ولم يقل: «**لَاعِنًا**»؛ لأن الذم في هذا الحديث إنما هو لمن كثر منه اللعن لا لمرة ونحوها، ولأنه يخرج منه اللعن المباح وهو الذي ورد به الشرع؛ كـ «لعنة الله على الظالمين» ونحو ذلك مما هو مذكور في الآيات القرآنية والأحاديث النبوية)[100].

* * *

«فائدة»: حكم اللعن على القول بجوازه

قال العلامة الحبيب أبو بكر ابن شهاب رضي الله عنه:

(ثم على القول بجواز اللعن على التفصيل المتقدم فهل هو مطلوب أو مباح أو مكروه؟ ظاهر كلام الغزالي يشير إلى أنه خلاف الأولى، وصنيع البخاري يشير إلى كراهة لعن المسلم المعين فقط، وقال آخرون كالمهلب والبلقيني كما ذكره ابن حجر في «فتح الباري» وقوّاه باستحبابه؛ تأسيا بكتاب الله ورسوله وملائكته، وعليه جرى عمل الكثير من السلف)[101].

* * *

(99) أبو بكر ابن شهاب، وجوب الحمية، (ص84).

(100) أبو بكر ابن شهاب، وجوب الحمية، (ص86).

(101) المصدر السابق.

المطلب الثالث/ اختلاف السادة آل باعلوي في حكم لعن معاوية

اختلف المتأخرون(102) من السادة آل باعلوي في حكم جواز لعن معاوية على قولين، وكان خلافهم مبنيا على جواز لعن المعين؛ كما سنوضحه.

القول الأول: عدم جواز لعن معاوية، وهو قول الإمام عبد الله الحداد، فقد قال رضي الله عنه بعد ذكره الذين خرجوا على الإمام علي عليه السلام: (وليس الخروج على الأئمة عندنا كفرا، **بل لا يجوز عندنا لعن أحد إلا إذا علمنا أنه مات كافرا** وأن رحمة الله لا تناله بحال؛ كإبليس، ومع ذلك فلا فضيلة في لعن مَن هذا وصفه)(103).

القول الثاني: جواز لعنه، ومن أبرز القائلين بهذا الحبيب علي بن محمد الحبشي(104)، والعلامة الحبيب محمد بن عقيل بن يحيى الذي ألف كتابه «النصائح الكافية لمن يتولى معاوية» وقرر فيه مشروعية لعنه وأنه أولى من الترضي عنه، وقد وافقه شيخه العلامة أبو بكر ابن شهاب الدين الذي قرظ كتابه «النصائح» وقرره في كتابه «وجوب الحمية»، والحبيبُ محمد بن أحمد المحضار فقد لعن معاوية في ديوانه وسيأتي نقل ذلك، والعلامة عبد الرحمن بن عبيد الله السقاف والحبيب علي بن عبد الرحمن بن سهل اللذَين كتبا تقريظا على «النصائح الكافية».

قال الحبيب أبو بكر ابن شهاب: (وهي مسألة فقهية، وافق الحداد فيها من قال بعدم الجواز، وقد ذكر المؤلف(105) الخلاف فيها وأقوال الطرفين ورجح

---

(102) المراد بالمتأخرين في مصلح السادة آل باعلوي من بعد السلف، والسلف من كان في عصر الشيخ علي بن أبي بكر وقبله، ينظر سيرة السلف من بني علوي الحسينيين للحبيب محمد بن أحمد الشاطري (ص11).
(103) عبد الله بن علوي الحداد، المكاتبات، (1/ 377).
(104) سيأتي تفصيل موقفه.
(105) أي: الحبيب محمد بن عقيل بن يحيى.

فيها الجواز لما قام عنده من الدليل)[106]، وقال في فتوىٰ له: (فلا يجوز الإنكار علىٰ اللاعن؛ لما عُلم من الخلاف)[107].

ومع ذلك فمما لا شك فيه أنّه لم يثبت عن كثيرين لعن معاوية، ولكن لا يمكن أن ينسب إلىٰ ساكت قول، فالواجب علىٰ الذابين الاحتجاج بنص في إنكار السادة آل باعلوي لعنَ معاوية بخصوصه لا الاحتجاج بعدم ثبوته عن كثيرين.

ولم يستدل الحبيب محمد بن عقيل بنص لأحد من السلف من السادة آل باعلوي في مشروعية لعن معاوية كما أنه ليس بوسعه ذلك؛ إذ لا يوجد لأحد منهم نص صريح في مشروعية لعنه أو عدمه، ولكن كان حجته الاستصحاب، فالأصل أن السلف من السادة آل باعلوي موافقون لسلفهم[108].

وقد ثبتت روايات لعَن الإمام علي عليه السلام لمعاوية، بل عن رسول الله صلىٰ الله عليه وآله وسلم، قال الحبيب محمد بن عقيل: (**وقد لَعن معاويةَ مسمى وضمنا كثيرون** تقريرا لما جاء عن الله ورسوله، **وأكبرهم** وإمامهم وأحقهم بالاهتداء بهديه والاقتداء بفعله، من جعل الله الحق دائرا معه حيث دار، باب

---

(106) أبو بكر ابن شهاب، وجوب الحمية، (ص57)، وقال أيضا [ص73]: (وكل من يقول من أهل السنة بجواز لعن المعين قائل بذلك، وهم الكثير كما ذكره الحافظ ابن حجر في «فتح الباري» لدخول معاوية في أكثر الأنواع التي يجوز لعنها).

(107) ولا وجه للتشنيع الحاصل من قِبل مانعي لعنه، فإنهم قد أجازوا اللعن إذا لم يكن معينا، وجوزوا لعن النواصب بدون تعيين لناصبيٍّ، وقد سبق النقل عن كبار السادة آل باعلوي أنّ معاوية كان ناصبيا، فلا فرق بينهم وبين الحبيب محمد ومن وافقه؛ إذ كلٌّ منهم لعن معاوية إلا أنهم لعنوه مع غيره ولعنه الحبيب محمد منفردا، فإن كان في اللعن مانع.. لوجب أولا الإنكار علىٰ من لعن معاوية وغيره لا معاوية وحده، كما أنه إن كان يُمنع لعنه بعينه.. للزم عدم جواز لعن النواصب لعنا عاما؛ إذ لا وجود للعام إلا بأفراده.

(108) فإن نقضوا الاستصحاب وأثبتوا مخالفة سلف السادة آل باعلوي لسلفهم؛ فنقول: كما جاز لهم مخالفة سلفهم.. جاز لنا ذلك، وهذا تنزل وإلا فلم نخالف سلفَنا وإنما الغاية في هذا الأمر - لو نقضوا الاستصحاب - أنّه وُجد زمنٌ خالف بعض العلويين أسلافهم فأتى الحبيب محمد بن عقيل فقرر مذهب العلويين علىٰ ما كان عليه.

مدينة علم الرسول، سيدنا أمير المؤمنين، يعسوب الدين **علي بن أبي طالب** كرم الله وجهه، فقد كان إذا صلى الغداة يقنت فيه فيقول: «**اللهم العن معاوية،** وعَمرا، وأبا الأعور، وحبيبا، وعبد الرحمن بن خالد، والضحاك بن يزيد، والوليد»، نقله ابن الأثير[109] وغيره[110]، وأخرج ابن أبي شيبة[111] والبيهقي[112] أن علي بن أبي طالب كرم الله وجهه قنت في الوتر فدعا على ناس

---

(109) ابن الأثير، الكامل في التاريخ، (2/ 684).

(110) منهم:

1) في «شرح نهج البلاغة » لابن أبي الحديد (ص570): (فكان علي عليه السلام بعد الحكومة إذا صلى الغداة والمغرب وفرغ من الصلاة وسلم قال: اللهم العن معاوية...)، وفي (ص3856): (وكان عليه عليه السلام يقنت عليه وعلى غيره فيقول: (**اللهم العن معاوية**...).

2) وقال الطبري في تاريخه (5/ 57): (وكان [أي علي عليه السلام] إذا صلى الغداة يقنت فيقول: **اللهم العن معاوية** وعَمرا وأبا الأعور السلمي وحبيبا وعبد الرحمن بن خالد والضحاك بن قيس والوليد، فبلغ ذلك معاوية، فكان إذا قنت.. لعن عليا وابن عباس والأشتر وحسنا وحسينا).

3) وفي «أنساب الأشراف » (2/ 352): (فكان علي إذا صلى الغداة قنت فقال: **اللهم العن معاوية** وعمرا...).

4) وقال ابن خلدون في تاريخه (2/ 637): (فكان يقنت إذا صلى الغداة ويقول: **اللهم العن معاوية** وعمرا...).

5) وقال ابن كثير في «البداية والنهاية » (10/ 575): (أن عليا لما بلغه ما فعل عمرو.. **كان يلعن في قنوته معاوية** وعمرو بن العاص).

6) وقال النويري في «نهاية الأرب » (20/ 160): (فكان علي إذا صلى الغداة يقنت فيقول: **اللهم العن معاوية**...).

وقد صحح السيد المحدث حسن بن علي السقاف روايات لعن الإمام علي عليه السلام لمعاوية في «نقد تطهير الجنان » (ص160).

(111) روى ابن أبي شيبة في «مصنفه » (2/ 108) (7050) بسنده إلى عبد الرحمن بن معقل أنه قال: (صليتُ مع علي صلاة الغداة، قال: فقنت، فقال في قنوته: «اللهم عليك بمعاوية وأشياعه، وعمرو بن العاص وأشياعه... »).

وقال ابن حزم في «المحلى » (3/ 59): (فكان [أي علي عليه السلام] يقنت في الصلوات كلهن وكان معاوية يقنت أيضا، يدعو كل واحد منهما على صاحبه).

(112) البيهقي، السنن الكبرى، «3368»، وأخرجه عبد الرزاق في مصنفه «4976».

وعلى أشياعهم...)[113]، قال الحبيب أبو بكر ابن شهاب: (**أقول**: ما نقله المؤلف[114] عن ابن الأثير وابن عباس[115] وغيرهما[116] **قد بلغ مبلغ التواتر المعنوي وإنكاره مكابرة**)[117].

وقال العلامة الحبيب أبو بكر ابن شهاب عن الفرقة التي تقول بجواز لعن معاوية: (المؤلف ذكر في نصائحه أن رئيسها الأكبر هو يعسوب الدين وأمير المؤمنين علي بن أبي طالب كرم الله وجهه، وقد أثبت عنه أنه لعن معاوية وتبرأ منه بما لا نطيل إعادته، فإن كان أمير المؤمنين رئيسا للإمامية وحدهم.. فقد ظفروا وخبنا، وإن كان رئيسا لنا ولهم.. فنحن أحق باتباعه منهم، على أنا نقول أن القائلين كقول الإمام علي في هذه المسألة هم أكثر من ثلثي الأمة المحمدية ومن جهابذتها ابن عباس وعمار وأكابر أهل البيت والشيعة الأولى وكثير من الصحابة والتابعين، وكل من يقول من أهل السنة بجواز لعن المعين قائل بذلك، وهم الكثير كما ذكره الحافظ ابن حجر في «فتح الباري» لدخول معاوية في أكثر الأنواع التي يجوز لعنها، وزد على ذلك من الأمة جميع فرق الشيعة والمعتزلة والخوارج وغيرهم، وليس بعمل كل هؤلاء حجة، وإنما الحجة بما جاء في الكتاب والسنة من لعن الأنواع كما ذكر في «النصائح»، وإنما أردنا بذكرهم هنا

(113) محمد بن عقيل بن يحيى، النصائح الكافية، (ص28).

(114) أي: مؤلف «النصائح الكافية» وهو الحبيب محمد بن عقيل.

(115) روى أحمد في مسنده «1870» والنسائي في السنن الكبرى «2815» عن سعيد بن جبير أنه قال: (أتيت ابن عباس بعرفة فقال: **لعن الله فلانا** عمدوا إلى أعظم أيام الحج فمحوا زيمة الحج، وإنما زينة الحج التلبية)، وصححه شعيب الأرنؤوط في تخريج المسند، وفي «كنز العمال» «12428» عن ابن عباس أنه قال: (**لعن الله فلانا** إنه كان ينهى عن التلبية في هذا اليوم يعني يوم عرفة لأنّ عليا كان يلبي فيه)، وفي السنن الكبرى للبيهقي «9447» عن ابن عباس قوله: (لبيك اللهم لبيك وإن رغم أنف معاوية، **اللهم العنهم** فقد تركوا السنة من بغض علي رضي الله عنه).

(116) كلعن سمرة له، قال [الكامل لابن الأثير، (3/ 89)]: (لعن الله معاوية، والله لو أطعت الله كما أطعته ما عذبني أبدا).

(117) أبو بكر ابن شهاب، وجوب الحمية، (ص76).

بيان أنهم ليسوا الإمامية فقط كما يظن المعترض)[118].

وقال الحبيب محمد بن عقيل: (ولعننا معاوية غضبًا لله تعالى واتباعا لسنة النبي صلى الله عليه وآله وسلم في لعنه من لعن وتأسيا بالملائكة المعصومين في عبادتهم ربهم بلعن مستحقي اللعنة، وبمن يدور الحق معه حيث دار؛ لفعله له حتى في صلاته، **وتمسكا بالعترة** الذين لا يفارقون كتاب الله، وأخذا بهدي السلف الصالح أهل الحق، وأدلتهم على فعلهم أكثر من أن تحصى هو من الطاعات المثاب فاعلها، ولا شك في أن كل ذم ووعيد نقله المصانع واقع في معاوية ثم على أنصاره والذابين عنه، عاملهم الله بعدله)[119].

وفي مسند الإمام المهاجر أحمد بن عيسى رضي الله عنهما ما يوافق ما نقل الحبيب محمد بن عقيل عن الإمام علي عليه السلام، ونصه: (**وكان علي** عليه السلام يقنت في آخر الركعة من الفجر **يلعن معاوية** وعمرو بن العاص ومروان ابن الحكم وناسا من أهل الشام)[120].

فالأصل موافقة السادة آل باعلوي لجدهم الإمام علي عليه السلام؛ استصحابا، قال الحبيب محمد بن عقيل: (بل أعتقد أن كل أهل البيت الطاهر على مذهب جدودهم ولا يخالفونه قيد شعرة، وإلا فقل لي: **من الذي قطع هذه الصلة وخرج عن تلك الدائرة**؟ لا يظن في واحد من أهل العلم منهم أنه خرج عن مذهب الإمام علي والحسنين وعمار وأهل البيت ومحبيهم، وإنما أنا أعلنت وصرحت، إذ لم يبق اليوم عذر لمعتذر)[121].

فلا يمكن القول بأنّ الحبيب محمد بن عقيل ومن وافقه في جواز اللعن خرجوا عن مذهب السادة آل باعلوي؛ إذ الأصل أن سلفهم من العلويين على

(118) أبو بكر ابن شهاب، وجوب الحمية، (ص73).

(119) محمد بن عقيل ين يحيى، تقوية الإيمان، (ص76).

(120) مسند الإمام أحمد بن عيسى المهاجر (298) «مخطوط».

(121) من جريدة حضرموت العدد299 السنة التاسعة سوربايا يوم الخميس 19 ربيع الثاني 1350هـ.

مذهب أجدادهم إلى الإمام علي عليه السلام.

وما يُزعم من أن الورع ترك لعنه مردود، قال الحبيب أبو بكر ابن شهاب: (وأما زعم من زعم أن ترك اللعن من الورع.. فله رأيه في عمل نفسه وليس له أن ينهى الناس عن أمر شرعه الله ورسوله لعباده لرأي رآه، وهذا الترك أقرب إلى التنطع والتعصب منه إلى الورع، وعلى قياس هذا الورع يكون الامتناع عن كل سنة اختلف فيها ورعا ويسري في كل حكم وفضيلة احتمل بطلان دليلها)(122).

وأنّى يزعم بأنّ تركه احتياط وقد انعقد الإجماع على جوازه؟ قال الحبيب العلامة محمد بن عقيل بن يحيى: (وكان عليه السلام يلعن جهارا رؤوس البغي وأئمة الضلال دعاة النار؛ معاوية وأصحابه، فكانت الفرقة الأولى(123) تقره على ذلك وتساعده ولا تنكر عليه، ولم يكن هو ممن تأخذه العزة بالإثم ويتبع الهوى، ولم يكن أتباعُه ممن تأخذهم في الله لومة لائم، **وبهذا نعلم على سبيل القطع أن الإجماع من أهل الحق قد انعقد على جواز لعن الطاغية معاوية وأذنابه وأنه طاعة يتقرب بها إلى الله في الصلوات**، وهيهات أن يتطرق الشك إلى هذا أو تغبر في وجهه الشبهات التي أثارها الطامعون المتاجرون بدينهم، عاملهم الله بعدله آمين)(124).

* * *

---

(122) أبو بكر ابن شهاب، كشف النقاب عن وجه الصواب لإزالة ريب المرتاب، ينظر «أبو المرتضى» (ص288).

(123) **الفرقة الأولى**: أهل البيت الطاهر وخيار الصحابة أهل الحل والعقد وأهل الدين والفضل الذين كانوا أنصارا لعلي عليه السلام، **الفرقة الثانية**: غالبهم الطلقاء وأبناؤهم ومؤلفة قلوبهم والمنافقون، وكان قائدهم معاوية، ينظر «تقوية الإيمان» (ص12-13)، وقال الحبيب محمد بن عقيل: (ولم تكن هناك فرقة ثالثة تتولى تينك الطائفتين معا وترضى عنهما، ومن المقرر في علم الأصول أن الأمة إذا اختلفت على قولين لا يجوز إحداث ثالث؛ لأنه باطل بقول الجميع).

(124) محمد بن عقيل بن يحيى، تقوية الإيمان، (ص12-13).

المطلب الرابع/ اختلاف السادة آل باعلوي في حكم السب

سأتناول في هذا المبحث رأي السادة آل باعلوي من السب مطلقا؛ أي: سواء سب معاوية أو غيره.

وقد اختلف العلويون على رأيين:

القول الأول: عدم جواز السب مطلقا، وقد أيده عدد من العلويين، من أبرزهم:

- الحبيب أبو بكر ابن شهاب، وقد بيّن ذلك في قوله: (**السب في ذاته ممنوع مطلقا**؛ لأن أعراض المسلمين محترمة؛ كدمائهم وأموالهم إلا بحقها، وأصحابه عليه السلام متفاضلون يختلف الحكم باختلاف مراتبهم، **فإنّ منهم أهل المراتب الجليلة**؛ كالخلفاء الأربعة، وباقي العشرة، والسبطين، والعمين، والسعدين، فأهل بدر، فأحد، فبيعة الرضوان، **ومنهم من دونهم**؛ كأجلاف الأعراب، والطلقاء، **ومنهم**: المنافقون، والمارقون، والقاسطون، والناكثون، ومن أخبر النبي أنه لا يراه بعد الموت، ومن يختلج به إلى النار مِن الـمُحْدِثين الأحداث بعده؛ كما في الحديث، ويختلف الحكم باختلاف مقاماتهم، فإنْ كان المسبوب من أكابرهم وقاداتهم كأبي بكر وعمر.. فسابه فاسق، **قيل**: يقتل، **وقيل**: يعزر ويؤدب، **ولا كذلك من دونهم وإن كان السابّ عاصيا بذلك**)(125)، ولكن مع أنه أفتى بالتحريم إلا أنه وقع منه ذلك في مواضع كثيرة من كلامه كما هو معلوم.

- الحبيب المحدث سالم بن جندان، **ونسب ذلك القول إلى السلف العلويين**، قال في ترجمته لشيخه محمد زبارة: (وكان زيدي المذهب معتدلا **لا يسب أحدا من السلف** ويترضى عن الخلفاء الأربعة، ولم يترضَّ عن معاوية وعمرو

(125) من فتوى مخطوطة له بخط الحبيب محمد بن عقيل ملحق بآخر أصل تقوية الإيمان، سأتي نقلها بتمامها في آخر الكتاب.

وأصحابهما، **فهو المذهب المتوسط على النمط الذي عليه العلويون طرا)**[126].

القول الثاني: جواز السب، ومن أبرز القائلين بذلك:

- الحبيب علي بن محمد الحبشي، حيث قال في سبّ قتلة الحسين بن علي عليهما السلام:

يا ريتني شفت يوم الطف با اروي النصول
طغوا عليه العدا وكل حادث يزول
شف عادنا للزمن هذا وانا في الكلول
من جور ما بي من القوم الكلاب النذول

- والحبيب محمد بن أحمد المحضار، فقال في بعض ما كتب إلى الحبيب محمد ابن عقيل عن معاوية: (مقامع الزبانية إلى تولي الطاغية... مقامع الزبانية لماص بظر الزانية)[127]، وله كلام كثير يشبه ذلك في ديوانه.

- الحبيب علوي بن طاهر الحداد، ونصه: (وإننا لنرى الآن من يتعصب للخوارج كلاب النار وينتصر لهم، ومن يتعصب للنواصب ويحطب في حبالهم، بل ومن يتردى إلى الدرك الأسفل فيؤلف في سيرة الحجاج **وزياد بن سمية** ونحوهم من **فراعنة الأمة** مادحا لهم مقرظا لأفعالهم، فهؤلاء وأمثالهم من أهل الشقاء سيلحقهم الله **بأولئك الخبثاء** بسبب ميلهم إليهم ورضاهم عن أفعالهم ومحبتهم لهم، والمرء مع من أحب)[128].

---

(126) سالم بن جندان، الخلاصة الكافية في الاسانيد العالية، (1/ 79-80).

(127) بهجة الخاطر وسرور الفؤاد، (2/ 467)، وهذا في المطبوع وقد وقع فيه تحريف من الناشر، ومع ذلك لم يخفَ صنيعه، لعدم وجود بعض ذلك في جمع هبهب المخطوط (ص169)، وعدم وجود بعض مما ذكره هبهب في المطبوع، فليرجع إلى أصل المكاتبة.

(128) علوي بن طاهر الحداد، القول الفصل فيما لني هاشم وقريش والعرب من الفضل، (1/ 54).

- الحبيب محمد بن عقيل بن يحيى، فقد قسم السب إلى حق وباطل؛ إذ سب المؤمن كقتله، وقتل المؤمن قد يكون جائزا وقد يكون محرما، قال رحمه الله: (**ومعنى السب**: نسبة القبيح إلى آخر، وهو قسمان حق وباطل، فما كان منه بحق.. فهو محمود، ومنه سب النبي وأخيه عليهما وآلهما الصلاة والسلام للمشركين كأبي سفيان وأصحابه، أو للبغاة القاسطين كمعاوية وأذنابه؛ لتبيين حالهم وتحذير الأمة من غوايتهم وضلالهم، **وما كان منه بغير حق.. فهو مذموم؛ كسَبِّ أبي سفيان وابنه معاوية وأذنابهم لله ولرسوله ولأخيه**)[129].

وقال رضي الله عنه: (ومن الطاعات التي يثيب الله فاعلها سب القسم الثاني للبيان والتحذير والتقرب إلى الله بذم أعدائه؛ اقتداء بالنبي ووصيه وأهل بيته وخيار أمته، وحكم سب المؤمن كقتله حرام بغير حق، قال الله تعالى: ﴿وَمَن يَقْتُلْ مُؤْمِنًا مُّتَعَمِّدًا فَجَزَآؤُهُۥ جَهَنَّمُ خَٰلِدًا فِيهَا وَغَضِبَ ٱللَّهُ عَلَيْهِ وَلَعَنَهُۥ وَأَعَدَّ لَهُۥ عَذَابًا عَظِيمًا ﴿٩٣﴾﴾ [النساء:93]، ولا يدخل في هذا الوعيد من قتل مؤمنا قصاصا أو حدا أو لدفع صياله أو لبغيه، بل هو ممدوح مأجور، وقد قتل سيدنا وإمامنا علي عليه السلام في ليلة الهرير خمسمائة وثلاثة وعشرين رجلا من بغاة الشام، وطلب قتل معاوية تقربا إلى الله تعالى وامتثالا لأمره وطاعة لأمر رسوله صلى الله عليه وآله وسلم فحال القضاء دون ذلك، ولا شك أن فعله هذا من أشرف الجهاد في سبيل الله تعالى)[130].

وقال رضي الله عنه: («**تنبيه**» سب من يسمونهم الصحابة بحسب اصطلاحهم الحادث بعضهم لبعض قد وقع قطعا، ولا سبيل لتأثيمهم كلهم، كما لا سبيل إلى القول بضد ذلك، وحيث إنه لم يقل أحد يعتد بقوله بتخطئة علي.. تحققنا أن سبه عليه السلام لأعدائه كان طاعة لله؛ فهو مثاب، ومثله من

(129) محمد بن عقيل، تقوية الإيمان برد تزكية ابن أبي سفيان، (ص9).
(130) المصدر السابق، (ص10).

شاركه وناصره واتبعه؛ كما تيقنا أن سب أعدائه له عليه السلام كان ظلما وإثما ونفاقا وفسوقا، فما يُفهمه قولهم من ذم كل ساب لأي فرد ممن سموهم باصطلاحهم صحابة باطل قطعًا، وإلا لدخل فيه على جهتين متقابلتين، ففي إثباته إبطاله، فتأمل)(131).

وقول الحبيب محمد بن عقيل بجواز السب للتحذير هو قول الشافعية وإن كان يجهله كثيرون، قال الإمام النووي: (النهي عن سب الأموات هو في غير المنافق وسائر الكفار وفي غير المتظاهر بفسق أو بدعة، فأما هؤلاء.. فلا يحرم ذكرهم بشرّ للتحذير من طريقتهم ومن الاقتداء بآثارهم والتخلق بأخلاقهم)(132).

أما منع أهل السنة من سب معاوية.. فليس لحرمة ذات السب، وإنما لعدم ثبوت نصبه وموبقاته عندهم وحفظهم لمقامه وتأويل كل المحرمات التي ارتكبها، ولو لم يكن ذلك موقفهم من معاوية.. لكان سبُّه جائزا عندهم بلا خلاف.

وقال العلامة الحبيب محمد بن عقيل: (**قال بعضهم**: إن القدح في طاغيتهم يجر إلى الطعن في سائر الصحابة ويفتح الباب لمريد الدخول فيه، وقياس قوله هذا أن تكذيبنا لمسيلمة الكذاب يفتح باب القدح في أولي العزم من المرسلين، ومثل هذه المغالطة لا تروج إلا على غافل أو أعمى مخذول)(133).

ويظهر أن من منع سب معاوية.. كان منعه إما لعدم ثبوت كونه فاسقا ناصبيا، أو لقوله بعدم جواز السب مطلقا، أو لجهله حكم السب عند الشافعية.

* * *

(131) المصدر السابق، (ص59).

(132) النووي، شرح مسلم، (7/ 20).

(133) محمد بن عقيل بن يحيى، تقوية الإيمان، (ص115-116).

«فائدة»: هل يموت من طعن في معاوية خارج تريم؟

من المشهور على ألسنة العلماء وأهل العلم قولهم: «من تكلم في معاوية.. مات غريبا»؛ أي: خارج تريم، ويجعلون ذلك قرينة لصحة ما ذهبوا إليه في موقفهم من معاوية.

قلت: يكذب ذلك الحس فكان استدلالهم منقوضا، فقد مات عدد من العلويين الذين طعنوا في معاوية في تريم ودفنوا في زنبل، ومنهم:

- الحبيب علي بن عبد الرحمن سهل، توفي في تريم ودفن في زنبل [ت: 1349هـ][134]، وكان من المؤيدين للحبيب أبي بكر ابن شهاب والحبيب محمد ابن عقيل، وله تقريظ على كلٍّ من «وجوب الحمية» و«النصائح الكافية».

- الحبيب حسن بن علوي ابن شهاب [ت:1333هـ]، من المسلمات لدى كثيرين أنه كان من محبي معاوية والذابين عنه، ولكن الأمر على خلاف ذلك وسيأتي تفصيله.

فلا أدري ماذا بقي من الخرافات للدفاع عن معاوية، ألا يستطيع هؤلاء الدفاع عن معاوية بأدلة علمية بدلا من أن يدافعوا عنه بخرفات وأساطير؟

ثم الموت خارج تريم لا مذمة فيه، فقد مات ودفن خارجها جملة من كبار ساداتنا العلويين، لا حاجةَ لعدّهم لكثرتهم، وقد قال الإمام الحداد: (وإن اتفق موت.. **فلا فرق أن يكون بتريم أو مكة أو غير ذلك**)[135].

والذي ظهر لي أن القائل بهذه العبارة فهمها من قول الحبيب أحمد بن محمد المحضار رضي الله عنه: (وهذه الجهات قد رصدوا عليها السلف رصود، **والمبتدع فيها ما يسود**، وأقلّ ما يؤدبونه به السلف تغريبه منها، **ولا يموت إلا**

(134) محمد ضياء شهاب، تعليقاته على شمس الظهيرة، (2/ 487).
(135) عبد الله بن علوي الحداد، تثبيت الفؤاد، (2/ 652).

غريب عنها)[136]، فالقائل توهم أن جَرْح معاوية بدعةٌ؛ كما هو مذهب أهل السنة والجماعة.

ولكن صار استدلاله دليلا عليه لا له؛ إذ قد ثبت - كما ذكرنا - موت ودفن بعض السادة آل باعلوي ممن جرحوا معاوية في تريم وزنبل، ولم يموتوا غرباء، فتعين أنّ الصواب كون جرحه ليس ببدعة؛ وهو مذهب السادة آل باعلوي رضي الله عنهم.

* * *

(136) خواطر وأفكار وحكم وأسرار من مكاتبات الحبيب مصطفى بن أحمد المحضار، محمد المحضار، (ص318).

المطلب الخامس/ اختلاف السادة آل باعلوي في حكم بغض معاوية

تقدم في مبحث سابق أن السادة آل باعلوي لا يحبون معاوية، ولكن لا يلزم من ذلك بغضهم له، وقد اختلف المتأخرون(137) منهم في مشروعيته على قولين:

القول الأول: مشروعية بغض معاوية، ومن أبزر القائلين بهذا:

- الحبيب علي بن حسن العطاس، حيث قال في رده على الرياشي:

فَـمَالَـكَ لَاتَبُـوحُ بِـبُغْضِ قَـومٍ
رَضَـوابِالعَـارِفِي حُـبِّ الدَّنِيَّـهْ(138)

وسيأتي أنه يعني معاوية وأمثاله من النواصب(139).

- العلامة الحبيب أبو بكر ابن شهاب، **وقد نسب ذلك إلى السلف العلويين**، فقال في مكاتبة إلى الحبيب أحمد بن حسن العطاس عن معاوية: (ولا يوجد من يحبه ويتولاه، بل قلوبهم [أي: السلف العلويين] نافرة عنه [أي: معاوية]، **مبغضة له**)(140).

- الحبيب محمد بن عقيل بن يحيى، وقد كتب بابا كاملا في وجوب ذلك في كتابه «النصائح الكافية لمن يتولى معاوية»(141)، وقد أيد وقرظ «النصائح» عدد من العلويين كما سيأتي.

---

(137) وإنما اقتصرت على المتأخرين كما سبق لأني لم أقف على نص لأحد من السلف العلويين في التحذير من بغض معاوية بعينه، فيعلم مذهبهم من علماء متأخريهم الذين حكوا مذهب سلفهم.

(138) علي بن حسن العطاس، قلائد الحسان وفرائد اللسان، (2/ 345).

(139) (ص162).

(140) محمد أسد شهاب، أبو المرتضى، (ص277).

(141) (ص198).

- الحبيب حسن بن علوي ابن شهاب، وسيأتي بيان موقفه في مبحث خاص.

القول الثاني: تحريم بغض معاوية، وهو ما رجحه الحبيب عثمان بن يحيى، ولكن ينقص استدلاله عدم إتيانه بنص خاص لأحد من العلويين في التحذير من بغض معاوية بعينه، فإنه اقتصر على عمومات فقط[142]، ولا يخفى أن العام يدخله التخصيص.

ولم ننفِ الخلاف في أنّ هناك من حرّم ذلك، ولكن القائلون به - كما قال الحبيب أبو بكر ابن شهاب - شواذ ولا عبرة بقولهم أمام قول الجمهور، ونصه: (بل قلوبهم نافرة عنه مبغضة له **إلا أفراد شاذة**؛ كصاحب «المشرع»[143]، ولا

(142) عثمان بن يحيى، إعانة المسترشدين على اجتناب البدع في الدين، (ص149).

(143) قال الحبيب محمد بن عقيل [النصائح الكافية، (ص312)]: (فلا نجد من علمائهم وكبارهم من يطريه ويمدحه ويسيده ويترضى عنه ويتحمل لتبريره ويؤول خاطاياه كما يفعل أكثر الأشاعرة والماتريدية، اللهم إلا أفرادا نشأوا بغير بلادهم وتلقوا أكثر علومهم عن الغير فشذوا عن قومهم في هذه المسألة؛ كصاحب «المشرع الروي» وآحاد غيره، ولا عبرة بالشاذ وإنما العبرة بالغالب والسواد الأعظم من كان على الحق)، وقال الحبيب أبو بكر ردا على الحبيب حسن ابن شهاب [وجوب الحمية، (ص61)]: (وأقول: إن المعترض أصلحه الله أخطأ في مواضع:

الأول: قوله أنّ المؤلف كذب على صاحب «المشرع »، وما كذب المؤلف بل برّ وصدق، فإن المؤلف يقول بشذوذ صاحب «المشرع » عن السادة العلويين في هذه المسألة خاصة؛ أعني: اطراء معاوية والترضي عنه والتمحل لتبريره وتأويل قبائحه، والأمر كذلك، ولهذا نقول للمعترض أن علماء السادة العلويين ألوف عديدة، فليأت لنا بنقل عن اثنين أن ثلاثة منهم قائلون بما قاله صحاب «المشرع » حتى يخرج عن الشذوذ.

الثاني: نسبته إلى المؤلف غير الواقع في قوله: «فزعم – يعني المؤلف – أنه – يعني صاحب «المشرع » – على طريقة شاذة ليست هي طريقة السادة العلوية بحضرموت، وأطلق الكلام، وهذا محظور في النقل، فإنه لم يقيد شذوذ صاحب «المشرع » بما قيده به المؤلف بأنه في مسألة معاوية الباغي فقط لا في مطلق الطريقة العلوية كما يقول المعترض.

الثالث: دعواه أن ما ذكره صاحب «المشرع » في مسألة معاوية هي طريقة أهل المشرع الروي من جميع السادة بني علوي، وليس الأمر كذلك، فإن صاحب «المشرع » لم ينقل شيئا مما ذكره عن أحد من العلويين، ولو قال أحد قبله بشيء مما قاله.. لذكره، بل أكثر ما فيه من «صواعق » ابن
=

عبرة بالشاذ ولا بقوله في مقابلة الجمهور، بل في مقابلة الأدلة القرآنية والحديثية وكلام كبار أسلافنا)(144).

ولا نلزم من رأى ترجيح القول الثاني بالأخذ بالقول الأول، ولكن المراد عدم التحامل والتشنيع والاتهام بمخالفة طريقة السلف العلويين في مسألة اختلفوا فيها.

* * *

حجر ومحوها، وقد اعاذ الله السادة العلويين من كل عقائد النصب وبرأهم مما ينسبه إليهم هذا المعترض، وغاية ما ينسب إليهم أكثرهم السكوت لا الترضي وإثبات الأجر وهلم جرا، وهم معذورون في سكوتهم، ومن جهر منهم.. فله أجره، كما قال الحبيب علي بن حسن العطاس قدس سره:

فويل ابن هند من عداوة مهتد   ينازعه في حقه ويطالب

أما ما نقله من ترجمة صاحب «المشرع».. فإنا نوافقه عليه ونجل صاحب «المشرع» ونعرف منزلته من العلم والفضل ونعترف أنه من أجل علماء العلويين ومحققيهم، وشذوذه في هذه المسألة هفوة لا تنقص قدره وليس هو بمعصوم، وقد قال بها جمهور من الأشاعرة وغيرهم فله في ذلك نوع عذر).

(144) من مكاتبه إلى الحبيب أحمد بن حسن العطاس، ينظر أبو المرتضى لمحمد أسد شهاب (ص277).

المبحث الرابع
مناقشة موقف أبرز من يحتج بهم الذابون عن معاوية من العلويين

المطلب الأول/ مناقشة موقف الإمام الحداد

المطلب الثاني/ مناقشة موقف الحبيب أحمد بن عمر بن سميط

المطلب الثالث/ مناقشة موقف الحبيب حسن بن علوي ابن شهابب

المطلب الرابع/ موقف الحبيب أحمد بن حسن العطاس

المطلب الخامس/ مناقشة موقف الحبيب علوي بن عبد الله ابن شهاب

المبحث الرابع/ مناقشة موقف أبرز من يحتج بهم الذابون عن معاوية من العلويين

المطلب الأول/ مناقشة موقف الإمام الحداد

من أبرز ما يحتج به الزاعمون - بأنّ مذهب السلف العلويين هو الترضي عن معاوية ابن أبي سفيان بل وحبّه - مواضعُ من كتب الإمام الحداد وقع فيها ترضٍّ عنه، ولهم نصوص أخرى له يستدلون بها من كتبه تدور حول هذا الحمى.

وأفردتُّ هذا المطلب بمناقشة تلك النصوص، وذلك في:

- «الدعوة التامة والتذكرة العامة».

- «الفصول العلمية والأصول الحكمية».

- وديوانه المسمى «الدر المنظوم لذوي العقول والفهوم».

- ما جمعه تلميذه الحبيب أحمد بن زين الحبشي في كتابه: «النفائس العلوية في المسائل الصوفية».

- ما جمعه الشيخ أحمد الشجار الأحسائي في كتابه: «تثبيت الفؤاد بذكر مجالس سيدي شيخ الإسلام قطب الدعوة والإرشاد الحبيب عبد الله بن علوي ابن محمد الحداد».

فسأذكر تلك النصوص مرتبة تاريخيا الأقدم فالأقدم.

* * *

أولا: النفائس العلوية في المسائل الصوفية

ما يحتج به في هذا الكتاب المكاتبة التي لخصها الحبيب أحمد بن زين رضي الله عنه، وكتبت صبح يوم الاثنين رابع جماد الأول، سنة 1072هـ[145].

---

[145] ينظر مكاتبات الإمام الحداد (1/ 381).

«النص الأول»

قال رضي الله عنه: (اعلم أن الذين باشر علي رضي الله عنه قتالهم بنفسه بعد أن خرجوا عليه ثلاث طوائف:

الأولى:...

الثانية: أهل صفين **معاوية** وعمرو بن العاص وأهل الشام، ولم يبايعوا عليا وخرجوا عليه يطلبون بدم عثمان.

... **وكلهم بغاه** عندنا ومنازعون وخارجون بغير حق صريح وصواب واضح، نعم، من خرج منهم وله في خروجه شبهة.. **فأمره أخف ممن خرج ينازعه في الأمر ويطلبه لنفسه** والله أعلم بنياتهم وسرائرهم، **وسلامتنا في السكوت عنهم** تلك أمة قد خلت.

وقال علماؤنا في شأن الزبير ومن معه، ومعاوية ومن معه: إنهم اجتهدوا فأخطأوا فلهم عذر.

وعلى كل حال فغاية من خرج على الإمام المرتضى من أهل التوحيد المقيمين للصلاة المؤتين للزكاة أن يكون عاصيا، والعاصي لا يجوز لعنه بعينه)[146].

قد يُتوهم أن هذا النص حجةٌ لمن يذب عن معاوية من العلويين، ولكنّ الأمر خلافُه، بل هو حجة عليهم، وعلى أقل تقدير يكون كلامه محتملا ساقطا لحجيته.

وقد علق العلامة الحبيب أبو بكر ابن شهاب على نص الإمام الحداد السابق ردا على من استشهد به ضد العلامة ابن عقيل، فقال: (انظر أيها القارئ كلام القطب الحداد، **فإنه مطابق تماما لكلام المؤلف**[147]، **اللهم إلا في مسألة جواز**

---

(146) النفائس العلوية، (ص74).

(147) أي مؤلف «النصائح الكافية لمن يتولى معاوية » وهو العلامة الحبيب محمد بن عقيل بن يحيى.

لعن المعين وعدمه، وهي مسألة فقهية، وافق الحداد فيها من قال بعدم الجواز، وقد ذكر المؤلف الخلاف فيها وأقوال الطرفين ورجح فيها الجواز لما قام عنده من الدليل)[148].

وسأبين كيف فهم الحبيب أبو بكر ابن شهاب[149] ما سبق من كلام الإمام الحداد.

* قوله رضي الله عنه: «**معاوية**» لم يترضَّ عنه، قال الحبيب أبو بكر ابن شهاب: (ذكر الحداد أهل الجمل والزبير وطلحة وعائشة وترضى عنهم، ثم ذكر الطائفة الثانية؛ أهل صفين معاوية وعمرا ولم يترض عنهما كما يترضى عنهم الأشاعرة)[150].

* قوله رضي الله عنه: «**وكلهم بغاه عندنا ومنازعون...**» قال العلامة ابن شهاب: (ولم يقل كما يقول الأشاعرة والماتريدية أنهم مجتهدون متأولون مأجورون)[151]، وهذا مذهب العلويين، قال الحبيب محمد بن عقيل: (ثم إنا إذا وجدنا فيهم من سكت عن معاوية وفضائحه.. فلا نجد من علمائهم

---

(148) أبو بكر ابن شهاب، وجوب الحمية، (ص57).

(149) وقول الحبيب العلامة أبو بكر ابن شهاب حجة في بيان طريقة العلويين، فقد احتج به الحبيب حسن بن علوي ابن شهاب في «الرقية»، والحبيب عثمان بن يحيى في «إعانة المسترشدين» (ص102)، فلذا رجع الحبيب حسن بن علوي عن قوله بعد رد العلامة ابن شهاب عليه؛ كما سيأتي.

(150) أبو بكر ابن شهاب، وجوب الحمية، (ص58).

(151) المصدر السابق، (ص58)، قال الحبيب محمد بن عقيل بن يحيى [تقوية الإيمان، (ص72)]: (ويوضح بطلان ما توهمه بعضهم من إصابة كل مجتهد مطلقا ما ثبت من قول رسول الله صلى الله عليه وآله وسلم - فيمن أمرهم أميرهم الذي أمّره عليهم رسول الله صلى الله عليه وآله وسلم وأمَرهم بطاعته لما أمَرهم أن يدخلوا النار - : «لو دخلوها لم يزالوا فيها إلى يوم القيامة » وفي رواية: «لو دخلتموها ما خرجتم منها أبدا »، وهذا الحديث في الصحيحين، ومسند أحمد، وفي سنن النسائي، وأبي داود، وأبي يعلى، وأخرجه ابن منده، وابن خزيمة، وابن أبي شيبة، وأبو عوانة، وابن حبان، وابن جرير، والبيهقي في «الدلائل »، وغيرهم، وله ألفاظ فاطلبها إن شئت).

وكبارهم من يطريه ويمدحه ويسيده ويترضى عنه ويتمحل لتبريره ويؤول خطاياه كما يفعل أكثر الأشاعرة والماتريدية)(152).

* قوله رضي الله عنه: «نعم، من خرج وله في خروجه شبهة» قال العلامة ابن شهاب: (يعني بهم أهل الجمل)(153).

* قوله رضي الله عنه: «فأمره أخف ممن خرج ينازعه في الأمر ويطلبه لنفسه» قال العلامة ابن شهاب: (ويريد به معاوية؛ إذ لم يطلب الأمر لنفسه غيره)(154)، وعلق على قول الإمام الحداد أيضا الحبيب محمد بن عقيل بن يحيى بقوله: (وفي كلامه هذا إشارةٌ ظاهرةٌ إلى أنّ معاوية ممن لا شبهة له، وإنما خرج منازعًا في الأمر طالبًا للرياسة)(155)، وهذا ما صرح به الحبيب علي بن حسن العطاس في ديوانه:

فويــل ابــن هنــد مــن عــداوة مهتــد ينازعــه في حقــه ويطالــب(156)

* قوله رضي الله عنه: «وسلامتنا في السكوت» قال العلامة ابن شهاب: (ولم يذكر معمولا، وهو يحتمل السكوت عن مثالبهم أو محامدهم التي يدعيها لهم الأشاعرة، والذي يظهر من كلامه معنى ثالث وهو أن سلامتنا من أذية النواصب وعربدتهم في سكوتنا عنهم)(157)، وقال: (من لم يصرح بما يكنه ضميرهم منهم يأمر بالسكوت؛ طلبا للسلامة من أذية النواصب)(158).

وقد قرر الحبيب أبو بكر العدني المشهور بوجود أشياء مسكوتة عنها في طريقتنا، حيث قال عن بعض آراء الحبيب أبي بكر ابن شهاب: (فإنها في غالبها لا تخرج عن

---

(152) محمد بن عقيل بن يحيى، النصائح الكافية لمن يتولى معاوية، (ص312).
(153) أبو بكر ابن شهاب، وجوب الحمية، (ص58).
(154) المصدر السابق.
(155) محمد بن عقيل بن يحيى، تقوية الإيمان، (ص102).
(156) علي بن حسن العطاس، قلائد الحسان وفرائد اللسان، (1/ 54).
(157) أبو بكر ابن شهاب، وجوب الحمية، (ص58).
(158) المصدر السابق، (ص51).

المسكوت عنه في منهج أهله وسلفه)[159]، وقال الحبيب أبو بكر ابن شهاب: (ومن سكت في الماضي أو في الحال عن ما ذكره المؤلف جملة واحدة أو أجمل الكلام فيه بما يحتمل معنيين؛ كالاستشهاد بقوله تعالى: ﴿تِلْكَ أُمَّةٌ قَدْ خَلَتْ﴾ [البقرة:134] ونحو ذلك.. فهو معذور؛ كما عذر السابقون، وعلى هذه الطريقة أكثر **ساداتنا العلويون** حتى الآن، ولا لوم عليهم ولا حرج في ذلك، وإنما اللوم والمخطئ منهم ومن غيرهم من يمدح أولئك البغاة المفسدين في الأرض ويترضى عنهم تعظيما لهم، فضلا عن من قام منافحا عن أولئك المحادين)[160].

* قوله رضي الله عنه: «**وقال علماؤنا**» قال العلامة ابن شهاب: (ثم لما أراد أن يذكر القول بالاجتهاد.. تبرأ منه وخرج من عهدته فقال: «**قال علماؤنا**»)[161].

* قوله رضي الله عنه: «**إنهم اجتهدوا فأخطأوا فلهم عذر**» قال العلامة ابن شهاب: (ولم يقل: فلهم أجر، ويمكن عود الضمير في ذلك على العلماء فيكون المعنى: فللعلماء عذر في ذلك القول، وهو: خوف الفتنة ونحوه)[162]، وعدم إثبات أجرٍ لاجتهادِ معاوية هو الصواب؛ إذ لا عبرة بالاجتهاد المخالف للنص.

ونفي الأجر هو نص الإمام أبي الحسن الأشعري رضي الله عنه، قال ابن فورك في مقالات الأشعري: (وكان يقول في حرب معاوية إنه كان باجتهاد منه وإن ذلك كان خطأ وباطلا ومنكرا وبغيا، على معنى أنه خروج على إمام عادل، فأما خطأ طلحة والزبير.. فكان يقول إنه وقع مغفورا له للخبر الثابت عن النبي صلى الله عليه وآله وسلم أنه حكم لهما بالجنة فيما روي في خبر بشارة عشرة من أصحابه بالجنة، فذكر منهم طلحة والزبير، **وأما خطأ من لم يبشره الله في أمره.. فإنه مجوز غفرانه والعفو عنه**)[163].

(159) أبو بكر العدني المشهور، الأبنية الفكرية، (ص44).
(160) أبو بكر ابن شهاب، وجوب الحمية، (ص91).
(161) أبو بكر ابن شهاب، وجوب الحمية، (ص58).
(162) المصدر السابق، (ص59).
(163) مقالات الأشعري لابن فورك (مخطوط في المكتبة السليمانية/ إسطنبول).

وهذا نص من الإمام أبي الحسن الأشعري في أن خروج معاوية كان معصية، فيجوز لله أن يغفر ذنبه، وكذلك يجوز أن يأخذه به.

قال الدكتور عيسى بن مانع معلقا عليه: (فبعد هذا لا يسوغ لأشعري أن يخالف كلام الإمام فيقول: إن معاوية وجيشه غير آثمين مع الاعتراف بأنهم بغاة، وأما من قال إنهم مأجورون.. فأبعد من الحق، ومما سبق يعلم أن ما ذكر في بعض كتب الأشاعرة؛ كالغزالي مما يخالف كلام الأشعري مردود لا يلتفت إليه، ويفهم من كلام الإمام الأشعري هذا أن عمل هؤلاء الذين قاتلوا عليا لا يدخل تحت حديث: «**إِذَا اجْتَهَدَ الحَاكِمُ فَأَصَابَ.. فَلَهُ أَجْرَانِ، وَإِذَا اجْتَهَدَ فَأَخْطَأَ.. فَلَهُ أَجْرٌ**»)(164).

* قوله رضي الله عنه: «**فغاية من خرج على الإمام المرتضى من أهل التوحيد المقيمين للصلاة المؤتين للزكاة أن يكون عاصيا**» قال العلامة ابن شهاب: (ولم يقل مثابا ولا عدلا)(165).

* * *

«النص الثاني»

وقال رضي الله عنه: (وليس يزيد عندنا بمنزلة معاوية، **فإن معاوية رضي الله عنه صحابي**، وليس يترك الفرائض وينتهك المحارم مثل يزيد، فيزيد فاسق بلا شك؛ لأنه كان يترك الصلاة ويقتل النفس ويزني ويشرب الخمر وحسابه على الله تعالى)(166).

وقد ذكر رضي الله عنه معاوية قبل هذا الموضع سبع مرات ولم يترضَّ عنه مرة واحدة، أي: لم يترض عنه إلا في هذا الموضع الثامن والأخير، وهذا أمر غريب!

---

(164) عيسى بن مانع الحميري، منزلة آل بيت النبي، (ص618).

(165) أبو بكر ابن شهاب، وجوب الحمية، (ص59).

(166) النفائس العلوية.

ولكن بعد البحث تبيّن أنّ الإمام الحداد لم يترضّ عن معاوية في موضع واحد؛ ومنها: الموضع الثامن، فبعد العودة إلى الأصل - أي مكاتباته - وجدنا أن الإمام الحداد لم يترضّ عنه في هذا الموضع الثامن كذلك[167]، ولا يوجد ترضٍّ في نقل الحبيب أبي بكر ابن شهاب لتلك المكاتبة أيضا[168]، ولا في نقل السيد حسن بن علوي ابن شهاب لها[169] مع أنّ نقله لها كان في كتابه «الرقية»، وكل هذا مؤيد لصحة قول العلامة ابن عقيل بأن الترضي من زيادة النساخ.

* قوله رضي الله عنه: «**مثل يزيد**» قال العلامة ابن شهاب: (أي مثل انتهاك يزيد لها ومجاهرته بها، بل أقل منه انتهاكا وأكتم لها منه)[170].

* قوله رضي الله عنه: «**فيزيد فاسق بلا شك**» قال العلامة ابن شهاب: (يعني ومعاوية قد يتطرق الشك أو الوهم إلى نفي فسقه، والأمر كذلك لقيام الخلاف فيه)[171].

ثانيا: النصائح الدينية والوصايا الإيمانية

وكان الفراغ من إملائه يوم الأحد الثاني والعشرين من شهر شعبان المبارك سنة تسع وثمانين بعد الألف من هجرته صلى الله عليه وآله وسلم[172].

«النص الأول»

قال رضي الله عنه: (وأن يعتقد فضل أصحاب رسول الله صلى الله عليه وآله وسلم وترتيبهم **وأنهم عدول أخيار أمناء لا يجوز سبهم ولا القدح في أحد**

---

(167) عبد الله بن علوي الحداد، المكاتبات (1/ 378).
(168) أبو بكر ابن شهاب، وجوب الحمية، (ص57).
(169) حسن ابن شهاب، الرقية الشافية، (ص101).
(170) أبو بكر ابن شهاب، وجوب الحمية، (ص59).
(171) المصدر السابق، (ص60).
(172) عبد الله بن علوي الحداد، النصائح الدينية، (ص358).

منهم)[173].

أقول: الاستدلال بهذا على المدعى باطل من أوجه، منها:

- الوجه الأول:

قوله رضي الله عنه: «**فضل أصحاب...**» قضية مهملة لا مسورة، وهي في حكم الجزئية، فلا يمكن القطع بدخول معاوية، وقد بيّن هذا الحبيب أبو بكر بن عبد الرحمن ابن شهاب بقوله:

(والمراد من الأصحاب[174] جمهورهم وخيارهم، وقد قرر علماء المعقول أنه إذا لم يذكر لموضوع القضية – وهو الأصحاب هنا – سور – وهو ما يجعلها كلية؛ كلفظ «كل» و«جميع» ونحوهما، أو يجعلها جزئية كلفظ بعض ونحوه – فالقضية مهملة؛ وهي عندهم في حكم الجزئية؛ لأن صدقها على البعض محقق، لا على الكل فإنه غير محقق.

فلو قال القائل: بنو هاشم أذكياء.. كان الحكم المحقق وجود أذكياء منهم والباقون في حكم المسكوت عنه يمكن دخولهم وخروجهم، **وإذا قال القائل**: كل بنو هاشم كرام.. كان الحكم على جميعهم فردا فردا بالكرم، وعليه فشمول الأصحاب لجميعهم في كلام الحداد غير محقق ويصح خروج بعضهم من وجوب اعتقاد الفضل فيه؛ كمعاوية وعمرو وأشباههما؛ لأنه رضي الله عنه لم يقل: «كل أصحاب رسول الله»، بل أهمل القضية كما رأيت.

ومما يدل على أنه أراد جمهور الصحابة وخيارهم قوله بعد ذلك: «**وترتيبهم**»؛ لأن الترتيب لا يطلب اعتقاده في الكل ولم يقل به أحد إلا في أفاضلهم... فهؤلاء الذين جزم الحداد رضي الله عنه بأنهم عدول خيار أمناء لا يجوز سبهم ولا القدح في أحد منهم، ولا حظَّ لمعاوية وأشباهه من الطلقاء والمحدثين الأحداث في ذلك

---

(173) عبد الله بن علوي الحداد، النصائح الدينية، (ص152).

(174) أي في قول الإمام الحداد: وأن يعتقد فضل أصحاب رسول الله صلى الله عليه وآله وسلم.

الترتيب ولا التعديل، وإنما رجحنا إرادة الجمهور في كلامه رضي الله عنه مع إمكان إرادة الكل؛ لبيانه نفسه إرادة هذا الخصوص في مواضع من كلامه ستأتي(175)؛ كتفسيره إياهم بالمهاجرين والأنصار ومتبعيهم بالإحسان تارة، وتقييدهم أخرى بأوصاف لا يدخل فيها معاوية وأشباهه)(176).

5 **أقول**: ويؤيد هذا وجود قدح وانتقاص صريح من جهة كثيرين من العلويين في حق معاوية.

الوجه الثاني:

لو قيل تنزلا: القضية مسورة بالكلية فيدخل كل الأصحاب.. فكذا لا يصح كذلك دخول معاوية وأشباهه؛ لأنه يلزمك أن تأخذ بتعريف الإمام الحداد 10 للصحابة لا تعريف غيره؛ فكيف يُترك تعريف الإمام الحداد للصحابة ويُحمل مدلول الصحبة في كلامه على اصطلاح غيره مما لم يقل هو به؟

فقد عرف الإمام الحداد الصحابة بقوله: (وصحبه هم الذين صحبوه في حياته وآمنوا به وهاجروا إليه ونصروا دينه وجاهدوا معه وبلغوا عنه ما سمعوه ورأوه من أقواله وأفعاله، فلاجتماع هذه المزايا والفضائل لهم التي لم يشاركهم 15 فيها غيرهم.. كانوا سادات الورى وأئمة الهدى)(177).

قال الحبيب أبو بكر ابن شهاب بقوله: (وانظر كيف عرّف الحداد قدس سره صحبة النبي صلى الله عليه وآله وسلم في آخر شرحه قصيدة العيدروس العدني قدس سره، فقال: (وصحبه هم...)، أفيرى المعترض وأشكاله أنَّ معاوية وأشباهَه ممن تحققت فيهم هذه الصفات؟ أم يذعن بما قاله الحداد؟)(178)، فمن 20 اتصف بذلك.. انطبق عليه نص الإمام الحداد السابق، ومن لم يتصف بما سبق؛

---

(175) ينظر بيانه في وجوب الحمية (ص49).
(176) أبو بكر بن شهاب، وجوب الحمية، (ص47-48).
(177) عبد الله بن علوي الحداد، إتحاف السائل بجواب المسائل، (ص87).
(178) المصدر السابق، (ص49).

كمعاوية.. لا يكون داخلا فيه.

فإن قيل: اجتمع في معاوية بعض ما ذكره الإمام الحداد.

قلنا: مفهوم الصحبة عنده اجتماع كل ما سبق؛ فلذا قال: «فلاجتماع هذه المزايا...»، ولم يقل: «بعض هذه المزايا».

فإن قيل: قد عدّه الإمام الحداد من الصحابة بقوله: (وليس يزيد عندنا بمنزلة معاوية، فإن معاوية صحابي، وليس يترك الفرائض وينتهك المحارم مثل يزيد)(179).

قلنا: المراد أنه صحابي لكن على اصطلاح غيره؛ أي: اصطلاح المحدثين.

وتوضيحه أنَّ بيْن تعريف الإمام الحداد وتعريف المحدثين عموم وخصوص مطلق، فكل صحابي عند الإمام الحداد داخل في تعريف الصحبة عند المحدثين، لا العكس.

فمن لم تجتمع فيه المزايا التي في تعريف الإمام الحداد.. لم يكن عنده من سادات الورى(180) ولا من أئمة الهدى، فلذا قال الإمام الحداد: «فلاجتماع هذه المزايا والفضائل لهم التي لم يشاركهم فيها غيرهم.. كانوا سادات الورى وأئمة الهدى»، فهؤلاء الذين لم تجتمع فيهم هذه المزايا يكونون صحابة فقط على التعريف المعتمد للصحابي عند متأخري المحدثين لا على تعريف الإمام الحداد، وقد قرر هذا المفهوم من نص القطب الحداد بهذا التفصيل في جعل بعض الصحابة أئمة وسادات دون بعض القطبُ العلامة أبو بكر بن محمد السقاف صاحب قرسي، فقال: (والصحابة انقسموا إلى قسمين، قسم قربهم الله وأعطاهم قوة استعداد للفيض المحمدي، وقسم بعدهم الله، أجارنا الله وإياكم

---

(179) عبد الله بن علوي الحداد، المكاتبات (1/ 378).

(180) ومع تصرفات النساخ لم نجد في شيء من كتب القطب الحداد تسويدا لمعاوية.

من البعد)(181).

وقد أبدع في تحقيق وتقرير هذا الحبيب العلامة محمد بن عقيل بن يحيى رحمه الله في قوله: (لعل الصواب أنّ ما اصطلح عليه جمهور محدثي أهل السنة لم يقصدوا به إثبات فضائل الصحبة لمن شمله ذلك التعريف الذي أحدثوه واصطلحوا عليه، وإنما مرادهم به أن يجعلوه قانونًا يعرف به الحديث؛ ما هو منه مرفوع أو مرسل صحابي صَاحَب وهو مميز أو وهو كبير ثبت على الإسلام أو ارتد وعاد إليه، وأما فضل الصحبة.. فهو خاص بمن أحسنها، ووِزرها وإثمها لمن أساءها أو لم يزل مرتدا بعد فراقه للنبي صلى الله عليه وآله وسلم، وهذا واضح بيّن لمن أنصف ولم يباهت)(182).

وإنما حملناه على ذلك.. لأنّ دخول معاوية في تعريفه للصحابة غير ممكن، فإما أن يقال بما سبق أو يُحمل تعريفُ الإمام الحداد على الصحابة الذين هم سادات وأئمة هدى، أما غيرهم.. فهم صحابة ولكن ليسوا بأئمة ولا سادات، ويؤيد هذا الاحتمال ما نقلناه عن الحبيب أبو بكر بن محمد السقاف، فهذا الذي نحمل عليه قول الإمام الحداد: «فإنّ معاوية صحابي»، وهذا على رأي الإمام الحداد ومن سبق النقل عنهم، وأما أهل السنة.. فهم كلهم سادات وأئمة وممن قربهم الله.

* * *

ثالثا: الدعوة التامة التذكرة العامة

كان الفراغ منه يوم الجمعة السابع أو الثامن والعشرين من شهر المحرم أول شهور 1114هـ، وقد يعارض ذلك قول الشيخ الحساوي: (وهي آخر

---

(181) أبو بكر بن محمد السقاف، مجموع كلامه، «مخطوط».
(182) محمد بن عقيل بن يحيى، ثمرات المطالعة، (2/ 63)، ويؤيد أنّ معنى كون الصحابة كلهم عدول هو أنهم لا يكذبون على الرسول صلى الله عليه وآله وسلم، وليس معناه ما قابل الفسق، وقد بيّن ذلك العلامة اللكنوي في «ظفر الاماني» (ص487) و(ص541).

مؤلفاته رضي الله عنه)[183]، لكن يعارضه انتهاء تأليف الفصول العلمية 1130هـ؛ كما سيأتي.

وفيه ذكرٌ لمعاوية في مواضع منه، في عدد منها ترضٍّ عنه، وفي عدد منها تركٌ لذلك.

«النص الأول»

قال رضي الله عنه: (صالح الحسن بن علي رضي الله عنهما **معاوية بن أبي سفيان**) [184].

أقول: ذكر معاوية ولم يترضّ عنه.

* * *

«النص الثاني»

قال رضي الله عنه: (من حين صالح الحسن بن علي وبايع **معاوية رضي الله عنهم**)[185].

أقول: هذا الترضي زيادة من النساخ؛ كما جزم به الحبيب محمد بن عقيل، وليست العبارة هكذا في المخطوط، وإنما هي: (حين صالح الحسن بن علي معاوية وبايع له)؛ كما في نسخة قديمة توجد في جامعة الملك سعود نسخت عام 1145هـ [186].

وإن قيل: ثبت الترضي في نسخ مخطوطة أخرى، فلمَ حكمتَ أن النسخ التي فيها الترضي زيادة من النساخ ولم تحكم على النسخ الخالية من الترضي بأنّ

---

(183) تثبيت الفؤاد؛ أحمد الشجار، (3/ 1890).

(184) عبد الله بن علوي الحداد، الدعوة التامة، (ص125).

(185) عبد الله بن علوي الحداد، الدعوة التامة، (ص126).

(186) مواعظ، رقم 140، (ق/ 46).

النساخ حذفوه؟

فأقول: الأصل براءة ذمة النساخ وثقتهم وعدم تلاعبهم وصون عرضهم من ارتكاب المحرمات فلم نحكم أنهم حذفوا الترضي، وإنما حكمنا بزيادتهم له.. لأنّ ذلك لا يعد خيانة أو تلاعبا عند أهل السنة؛ لأنهم استحبوا كتابة الترضي على كل صحابي وإن لم يوجد الترضي في الأصل؛ كما تقدم بيانه.

* * *

«النص الثالث»

قال رضي الله عنه:

(ومما ينبغي ويتأكد كف اللسان عن **كثرة الخوض** فيما شجر بين أصحاب رسول الله صلى الله عليه وآله وسلم بعده ووقع بينهم من الحروب والفتن، ومن أهول ذلك وأعظمه إشكالا مقتل أمير المؤمنين عثمان بن عفان رضي الله عنه، ثم ما وقع بين أمير المؤمنين علي بن أبي طالب رضي الله عنه وبين **معاوية بن أبي سفيان وعمرو بن العاص رضي الله عنهم**، فليلتمس المؤمن الشفيق على دينه لأصحاب رسول الله صلى الله عليه وآله سلم في أمثال ذلك أحسن المخارج، ويحملهم فيه على أجمل المحامل اللائقة بفضلهم وجلالة أقدارهم، فإنهم رضي الله عنهم عدول أخيار أمناء)(187).

* قوله رضي الله عنه: «**كف اللسان عن كثرة الخوض**...» لا وجه له للاستدلال فيما نحن فيه، فالذي أكد الإمام الحداد عن كفه هو كثرة الخوض لا مطلقه، والذابون عن معاوية المنتسبين إلى العلويين لا يفرقون بينهما.

فالحق أنهم لا يخوضون في ذلك إلا في مجالسهم الخاصة، قال الحبيب محمد بن عقيل بن يحيى:

---

(187) عبد الله بن علوي الحداد، الدعوة التامة، (ص218).

(**لا يخوضون في هذه المسألة إلا في مجالسهم الخاصة بهم**، ولقد ذاكرت منهم رجالا كثيرة من فضلاء من أدركناهم وتوفاهم الله إليه ومن الموجودين الآن فيما يقولون الأشاعرة والماتريدية في هذه المسائل وكلهم يرفضه ويأباه ويشير إلى السكوت إن خيفت فتنة، ولو كنت استأذنتهم.. لذكرت أسمائهم واحدا فواحدا)[188].

وعلق على ذلك الحبيب أبو بكر ابن شهاب بقوله: (وقد صدق في ذلك)[189]، وقال: (وطريقتنا وطريقة المؤلِّف واحدة، **لا فرق إلا أنهم أسروا وجهرنا**؛ كما ذكره المؤلف)[190]، ثم قال: (والمثبت مقدم على النافي، ومن حفظ [حجة] على من لم يحفظ، **ولقد والله سمعت عن الكثير منهم ما ذكره المؤلف عنهم** من التأفف والإنكار على معدلي معاوية وأمثاله والموالين لهم من الأشاعرة والماتريدية، ولم أسمع حتى الآن عن من يعتد بقوله من العلويين أنه يناضل عن معاوية و[أ]عوانه)[191]، وقال: (وأما فسقه وجرح عدالته.. **فمما يقوله كثير من العلويين سرا وجهرا**، ومن سكت منهم عن جرحه.. لم يقل بتعديله)[192].

ثم قال العلامة ابن عقيل: (وعلى التنزل والقول بأن الكثير منهم سكتوا عن ذكر موبقات معاوية وسيئاته.. فذلك إما لعذر ما أو لكونهم لم يسألوا عن ذلك ولم يناقشوا فيه، ومع هذا فلا ينسب لساكت قول).

وقال الحبيب أبو بكر ابن شهاب في مكاتبة له إلى الحبيب أحمد بن حسن العطاس: (يعلم الله أني ذاكرت رجالا كثيرا من أجلائهم وهداتهم في معاوية **ولا أجد منهم من يثني عليه**)[193]، وقد دُوِّن بعضُ ما وقع في مجالسهم الخاصة،

---

(188) محمد بن عقيل بن يحيى، النصائح الكافية لمن يتولى معاوية، (ص311).

(189) أبو بكر بن شهاب، وجوب الحمية عن مضار الرقية، (ص47).

(190) المصدر السابق، (ص50).

(191) المصدر السابق.

(192) المصدر السابق، (ص54).

(193) تجدها في كتاب «أبو المرتضى» لمحمد أسد شهاب، (ص277).

سأذكره في المبحث الأخير.

فإن قيل: ذكر الإمام الحداد عددا من الصحابة منهم عثمان وطلحة والزبير وعائشة رضي الله عنهم، فإن حُمل قوله على ما ذكرتَ.. تعيّن جواز الخوض والقدح في جميع من سبق، فلمَ خُصّص جواز القدح في معاوية وعمرو؟

قلتُ: خرج غيرهم بنصوص خاصة صريحة للإمام الحداد في بيان فضلهم وعدم جواز القدح فيهم، بخلاف معاوية وعمرو.

* قوله رضي الله عنه: «**فليلتمس المؤمن الشفيق على دينه لأصحاب رسول الله...**» القضية مهملة كما سبق بيانه، وعلق عليه الحبيب محمد بن عقيل بقوله: (وأما القول بوجوب تأويل هفوات الصحابة وإثبات اجتهادهم.. فليس ذلك بالنسبة لمن شمله اصطلاحهم من حاضر وباد، ذكر وأنثى، وعبد وحر، برا أو فاجرا، موفيا أو غادرا، **ولكن قال ذلك من قاله فيما شجر بين فاطمة وعلي وبين أبي بكر وعمر وما يضارعه**، قالوا: من أجل علمنا بما لهم من السوابق الحسنة والأيادي البيض في الإسلام، ونصره وورود الثناء عليهم من مشرِّفهم، وما خدموا به الإسلام معه، وبعد وفاته وثبوتهم على محبته وطاعته صلى الله عليه وآله وسلم، وقد وجدنا لما ثبت عنهم من الهفوات احتمالات قريبة لا تشبه المسخ والتخريف، فلمجموع ذلك قالوا ما تقدم ذكره.

وبديهي أنه لا يشارك هؤلاء في هذا من اتصف بضد صفاتهم من دعاة النار والمنافقين والنواصب أعداء رسول الله صلى الله عليه وآله وسلم وأعداء أهل بيته الذين ثبت ذم رسول الله صلى الله عليه وآله وسلم ولعنه لهم، وإخباره بمروق مارقهم، وبغي باغيهم، وبمن يكون في تابوت من نار في النار، وبمن يموت على غير الملة، وبمن يكون ضرسه في النار مثل أحد، ﴿**أَمْ نَجْعَلُ ٱلَّذِينَ ءَامَنُوا۟ وَعَمِلُوا۟ ٱلصَّٰلِحَٰتِ كَٱلْمُفْسِدِينَ فِى ٱلْأَرْضِ أَمْ نَجْعَلُ ٱلْمُتَّقِينَ كَٱلْفُجَّارِ ﴿٢٨﴾**﴾ [ص:28]، ﴿**لَا يَسْتَوِىٓ أَصْحَٰبُ ٱلنَّارِ وَأَصْحَٰبُ ٱلْجَنَّةِ ۚ أَصْحَٰبُ ٱلْجَنَّةِ هُمُ ٱلْفَآئِزُونَ ﴿٢٠﴾**﴾ [الحشر:20]، **فتعميم الخاص وتفسير ألفاظ الكتاب والسنة**

بالاصطلاح الحادث غلط أو غش يبتعد عنه أهل الذمم)[194].

أقول: ولا تعارض بين هذا ونص الإمام الحداد السابق إذا فسرنا المراد بالصحابة على تعريفه أو تعريف الحبيب أحمد بن زين الحبشي.

* قوله رضي الله عنه: «**رضي الله عنهم**» زيادة من النساخ؛ كما سيأتي الجزم به عن الحبيب محمد بن عقيل، فالترضي في هذا الموضع غير موجود في أربعة نسخ خطية في مكتبة الأحقاف بتريم[195]، وفي طبعة قديمة بهامشها «رسالة المذاكرة» طبعت بمطبعة العامرة العثمانية بمصر سنة 1304هـ : (رضي الله عنهما)[196] وهو الثابت في نسخة مخطوطة أيضا[197]، فهذا يدل على تصرف النساخ في هذا الموضع أيضا، فلعلهم تدرجوا من ترك الترضي إلى «رضي الله عنه» إلى «رضي الله عنهما» إلى «رضي الله عنهم»، وقد تقدم أنّ وجود الترضي غير حجة إلا في حالتين.

وقد علق الحبيب محمد بن عقيل على هذا الموضع فقال: (وأمّا ما زعمه مِن ترضي الإمام الحداد عن الخبيثَين.. فمِمَّا نجل كريم مقامه عنه، وقد وضع الجهال من التلامذة على أساتذتهم كفريات جمة وطامات كثيرة، ووضع خِباث الطوية على الصالحين كذبا كثيرا ولم يضروا إلا أنفسهم، والإمام الحداد مكفوف النظر، فلو فرضنا وجود ذلك في شيء من كتبه.. **لترجح لنا أنه من زيادات جهلة النساخ**.

---

(194) محمد بن عقيل بن يحيى، تقوية الإيمان، (ص59-60).

(195) الأولى: رقم1625 (ق/ 162)، والثانية: رقم 1626 (ق/ 93)، والثالثة: رقم 1627 (ق/ 1069)، والرابعة: 2753 ضمن مجموع (ق50).

(196) (ص46).

(197) في مكتبة الأحقاف برقم 1628 (ق/ 85).

ويدل على ذلك ما نقله المصانع في الصفحة 91 عن الحداد من عدم ترضيه عن الخبيثَين لمّا ذكرهما مع ترضيه عمن قبلهما، بل قال فيهما وفيمن حارب عليا قبلهما وبعدهما ما لفظه: «وكلهم بغاة عندنا ومنازعون وخارجون بغير حق صريح، وصواب واضح، نعم، من خرج منهم وله في خروجه شبهة.. فأمره أخف ممن خرج ينازع الأمر ويطلبه لنفسه، والله أعلم بنياتهم وسرائرهم» انتهى.

وفي كلامه هذا إشارة ظاهرة إلى أن معاوية ممن لا شبهة له(198) وإنما خرج منازعا في الأمر طالبا للرياسة، وكيف يسوغ أن يترضى عمن هذا حاله؟ أم كيف يجوز أن يترضى الحداد عن عدو الله ورسوله ولا عن أصوله المشرفين له؟

وزيادة النسخ في الكتب معروفة، فقد رأيت بعضهم ترضى عن أبي جهل، وفي فهرست كتاب «قرة العيون المبصرة» لابن الجوزي المطبوع ما لفظه: «ذكر عاد عليه السلام، ذكر ثمود عليه السلام»، ومن تأمل فتح الباري للحافظ العسقلاني وما يذكره من تصرف النساخ في الألفاظ زيادة وحذفا وتحريفا وتصحيفا.. ظهر له ما قلناه(199).

ومن أمعن النظر في كثير من كتب الحديث.. يجد في بعضها من الترضي ما يجزم ببراءة المصنف منه، كما تجدها إلا القليل مشحونة بالصلاة البتراء المنهي عنها فتأمل.

والإمام الحداد هو القائل من قصيدة مدح بها المصطفى صلى الله عليه وآله

---

(198) وصرح به في تثبيت الفؤاد حيث قال (3/ 1312): (ولكن بان لهم الأمر بعد قتل عمار؛ إذ كل من الفريقين معه علم من النبي صلى الله عليه وآله وسلم أنه قال: «تقتله الفئة الباغية»، حتى إن معاوية رجع يعتذر من سيدنا علي، وعند ذلك جبنوا واستحيوا، إلا بقي معاوية يشجع عمرا وعمرو يشجعه، ولا عاد ينفع...).

(199) وفي أصل تقوية الإيمان (ق/ 50): (وأخبرني من لا أتهمه أنّ أحد المعممين كتب مصحفا والتزم كتابة أسماء الأنبياء بالحمرة؛ تعظيما لهم، وكتب كذلك اسم عاد وثمود لظنه أنهم أنبياء).

وسلم:

وأنكـر أقـوام وصـدوا وأعرضــوا	فقـوَّمهم بالمرهفـــات البـــواتر
وســار إليهـم بـالجيوش وبعضـها	ملائكــة أكــرم بهــا مــن مـؤازر
ومــا زال يــرميهم بكــل كتيبــة	مكرَّمــة أنصــارها كالمهــاجر
إلى أن أجـابوا دعـوة الحـق فاهتـدوا	وأسـلم منهـم كـل طـاغ وكـافر
وأدخلهــم في الــدين قهــرا وعنــوة	بحــد المـواضي والرمـاح الشـواجر

ومن الذي ينكر دخول الطاغية فيمن عناهم الحداد بقوله: «وأنكر أقوام»، وقوله: «وسار إليهم»، وفي قوله: «وأسلم منهم كل طاغ وكافر» بعد قوله: «وأدخلهم في الدين قهرا وعنوة» يعني ما قاله جده الإمام علي عليه السلام: «ما أسلموا ولكنهم استسلموا... الخ»، وقوله لمعاوية: «دخلتَ في الإسلام كرها وخرجت منه طوعا» وهذا هو الذي يمليه علينا حسن ظننا في الإمام الحداد رحمه الله تعالى، وعلى التنزل نقول: هب أن الحداد -وحاشاه- ترضى عن الطاغية، والنبيُّ صلى الله عليه وآله وسلم وأخوه وأهلُ الحق لعنوه، فبمن تتمسك وتقتدي؟ ومع من تحب أن تكون؟(200).

وقال الحبيب محمد بن عقيل: (الإمام الحداد كان مكفوفا، فزيادة النساخ في كتبه مظنة الوقوع، وقد زادوا الترضي في كثير من كتب الحديث عن أناس وحذفوا فيها - إلا ما ندر - الصلاة على الآل)(201).

وقد تقدم الكلام في المبحث الأول عما وقع في كتب العلويين من الترضي على معاوية وسبب كون ذلك غير حجة.

***

---

(200) محمد بن عقيل بن يحيى، تقوية الإيمان برد تزكية ابن أبي سفيان، (ص102-103).
(201) محمد بن عقيل بن يحيى، أصل تقوية الإيمان، (ص50).

«النص الرابع والخامس»

قال رضي الله عنه: (... حين وصف **لمعاوية**...)[202]، وقال: (... دموع **معاوية**...)[203].

أقول: ذكره في موضعين ولم يترضّ عنه في واحد منهما.

* * *

«النص السادس»

قال رضي الله عنه: (عن معاوية **رضي الله عنه**)[204].

أقول: تلك زيادة من النساخ كذلك، فهذا الترضي غير موجود في نسخة مخطوطة بمكتبة الأحقاف بتريم[205].

وبهذا بطل قول الزاعمين بأنّ الإمام الحداد ترضى عن معاوية، وثبت ما جزم به الحبيب محمد بن عقيل بن يحيى من أنّ الترضي من زيادات النساخ وأنّ الإمام الحداد لم يترضَّ عنه.

* * *

رابعا: الفصول العلمية والأصول الحكمية

وكان الفراغ من إملاء الإمام الحداد له بكرة يوم الخميس ثاني عشر شهر صفر الخير أحد شهور 1130[206].

(202) عبد الله بن علوي الحداد، الدعوة التامة، (ص271).

(203) عبد الله بن علوي الحداد، الدعوة التامة، (ص271).

(204) عبد الله بن علوي الحداد، الدعوة التامة، (ص300).

(205) رقم 2753 ضمن مجموع (ق/ 67).

(206) عبد الله بن علوي الحداد، الفصول العلمية، (ص93).

«النص الأول والثاني»

قال رضي الله عنه: (روي أن معاوية قال لـضرار)، وقال: (فبكى معاوية)(207).

أقول: ذكر معاوية في موضعين في نفس الصفحة ولم يترضَّ عنه.

* * *

«النص الثالث»

قال رضي الله عنه: (والذي ظهر بالقرائن من حال معاوية أنه أسف وندم على خروجه على علي ومقاتلته له)(208).

أقول: لا فرق بين ندمه وعدمه؛ إذ لا أثر للندم في ذلك؛ لأنه تعلق بدماء الناس، بل أفضلهم وهم الصحابة رضي الله عنهم، وكذلك سيدنا أويس القرني رضي الله عنه(209)، قال البلاذري: (فقُتل [أي: في صفين] من أهل الشام خمسة وأربعون ألفا، ومن أهل العراق خمسة وعشرون ألفا)(210)، قال ابن الجوزي: (منهم [أي من أهل العراق] خمسة وعشرون بدريا)(211)، وكان معاوية سبب ذلك كله بإجماع أهل السنة.

ثم قيّد الإمام الحداد ندمه بهذين الشيئين فقط؛ أي: خروجه على علي ومقاتلته له، ولم يقل أنه ندم على بغضه أو لعنه أو سبه لأمير المؤمنين عليه السلام، فلا يسوغ حمله عليه.

وقال الحبيب محمد الشاطري بعد أن نقل ندم عائشة وطلحة والزبير رضي

---

(207) عبد الله بن علوي الحداد، الفصول العلمية، (ص79).

(208) عبد الله بن علوي الحداد، الفصول العلمية، (ص79).

(209) قال ابن عساكر [تاريخ دمشق، (9/ 434)]: (ثم عاد في أيام علي فقاتل بين يديه فاستشهد في صفين أمامه، فنظروا فإذا عليه نيف وأربعون جراحة من طعنة وضربة ورمية).

(210) البلاذري، أنساب الأشراف، (2/ 322).

(211) ابن الجوزي، المنتظم في تاريخ الملوك والأمم، (5/ 120).

الله عنهم: (أما معاوية.. فمعروف أنه باغ، وهو يعلم أنه يمشي على باطل في معاملته للإمام علي وما عمل في خلافته)(212).

* * *

«النص الرابع»

قال رضي الله عنه: (حيث سأله معاوية)(213).

أقول: ذكر معاوية مرة أخرى لم يترضَّ عنه.

* * *

خامسا: تثبيت الفؤاد

وهذا الكتاب مرتب على أول ما سمعه العلامة أحمد الشجار من شيخه الإمام الحداد إلى آخر ما سمعه منه(214).

وعلى الداعين إلى الترضي على معاوية ونسبة ذلك إلى سلفنا العلويين بل للإمام الحداد الجواب عن عدم ترضي الإمام الحداد في جميع المواضع التي ذُكر فيها معاوية، وكذلك العلامة الحساوي لم يترضَّ عنه ولا مرة مع أنّه من أشد تلامذة الإمام الحداد تحريا بألفاظه رضي الله عنه كما يعلم منه.

وقد ذكر معاوية مرات عديدة، واقتصرت على أبرز المواضع.

---

(212) محمد الشاطري، شرح الياقوت النفيس، (ص772).
(213) عبد الله بن علوي الحداد، الفصول العلمية، (ص82).
(214) قال الحبيب علوي بن أحمد الحداد في كتابه «المواهب والمنن في مناقب قطب الزمان الحسن»: (إن تثبيت الفؤاد جمعه الشيخ أحمد الحساوي مرتبا على الأيام والسنين، وبحسب الأوقات التي يسمع فيها كلام الحبيب عبد الله، ثم اختصره والدنا الحبيب أحمد بن الحسن ورتب الكلام بعضه إلى بعض؛ تبعا للمناسبة وترك نظامه الأول)، نقله الحبيب علوي بن طاهر الحداد في «عقود الألماس» (2/ 56-57).

«النص الأول»

قال الإمام الحداد رضي الله عنه: (ولكن بان لهم الأمر بعد قتل عمار؛ إذ كل من الفريقين معه علم من النبي صلى الله عليه وآله وسلم أنه قال: «**تَقْتُلُهُ الفِئَةُ البَاغِيَةُ**»، حتى إن معاوية رجع يعتذر من سيدنا علي، وعند ذلك جبنوا واستحيوا، **إلا بقي معاوية يشجع عمرا وعمرو يشجعه ولا عاد ينفع**، فينبغي لمن أراد الإقدام على أمر خطر أن يتحقق الأمر أولا، وخصوصا إذا لا تطعه نفسه على تركه إذا تبين خطاه، أو يتركه من أول الأمر احتياطا)(215).

* * *

«النص الثاني»

قال رضي الله عنه: (ولم يزل في نفسي من كلمة عمرو شيء، **وقد لامه السلف جدا حتى فضلوا معاوية عليه**، فقال الحسن: وكان معاوية خير الرجلين)(216).

أقول: في آخر نصين انتقاص صريح لمعاوية وعمرو، وذلك مخالف لمذهب أهل السنة من عدم ذكر الصحابة في تعظيمهم للصحابة وعدم ذكرهم إلا بخير.

* * *

«النص الثالث»

قال الشيخ الحساوي: (**فقلت لسيدنا:** ألم يكن معاوية – وهو صحابي – عهد إلى ابنه بالخلافة ففعل هذه المنكرات؟ فقال: «إنه قيل: إن معاوية لما عهد له بها.. قال: إني تفرست فيه خيرا، فإن صدقت فراستي فيه.. فذاك، وإلا.. فتلك من محبة الطبع، محبة الوالد لولده، وأنا أسأل الله أن لا يطيل بقاه، فلما بان على خلاف

(215) أحمد الشجار الأحسائي، تثبيت الفؤاد، (3/ 1312).

(216) أحمد الشجار الأحسائي، تثبيت الفؤاد، (3/ 1410).

ما ظنه فيه.. لم تطل مدته ومات مقتولا قتلة قبيحة **ذبحه**، لما أرسل إلى الحرمين لقتل ابن الزبير وهدم الكعبة» وأكثر في ذلك حتى قال: «ينبغي للإنسان **أن ينطوي باطنه في أصحاب رسول الله صلى الله عليه وآله وسلم على المحبة وحسن الظن بهم ولا يسـيء ظنه فيهم**، حتى يصير من الذين جاءوا من بعدهم يقولون ربنا اغفر لنا ولإخواننا الذي سبقونا بالإيمان...»)، وقال: («وهذه الأشياء كلما تجنبها الإنسان كان أحسن»)[217].

«النص الرابع»

قال رضي الله عنه: (إنما مرادنا من ذكر ذلك ليكون في بالكم، فربما تسمعون فيما يأتي بأشياء من هذا القبيل فلا تنكرونها وتبقون حسنين الظن بأصحاب رسول الله صلى الله عليه وآله وسلم، فالله الله بحسن الظن بالصحابة، نوصيكم بذلك كثيرا، استوصوا بحسن الظن فيهم، وما كان لنا مطالعة في ذلك إلا لما وصلوا الزيدية إلى الجهة[218] احتجنا إلى المطالعة فيها فطالعنا بقدر ما نحتاج إليه)[219].

أقول: وجب تفسير الصحابة في النصين السابقين بتعريف الإمام الحداد؛ كما تقدم.

* * *

سادسا: ديوان الإمام الحداد

الدر المنظوم لذوي العقول والفهوم

من أبرز ما يحتج به المانعون من الكلام في معاوية قول الإمام الحداد رضي الله عنه:

فذو القدح فيهم هـادم أصـل دينـه   ومقـتحم في لـج زيـغ وبدعـة

---

(217) أحمد الشجار الأحسائي، تثبيت الفؤاد، (3/ 1742).

(218) كان عمره 26 سنة.

(219) أحمد الشجار الأحسائي، تثبيت الفؤاد، (3/ 1743).

ونورد هنا بيان الحبيب العلامة أبي بكر ابن شهاب لبطلان هذا الاستدلال، ونصه:

(**وأقول**: ههنا تغرير من المعترض لموافقيه في اقتضابه كلام الحداد قدس سره بذكره البيت الأخير فقط من كلامه في الصحابة؛ لأن الحداد كما علمت لا يرسل الكلام عفوا، ولا يكيله جزافا، بل يحترس ولو بدقيق الإشارة في كلامه عن دخول معاوية وأعوانه؛ كما سترى فيما أعرض عنه المعترض من أبياته، بل وفي كل ما نقله عنه قريبا، وهذه أبيات الحداد قدس سره، قال:

وأصحابه الغر الكرام أئمة ... مهاجرهم والقائمون بنصرة

نجوم الهدى أهل الفضائل والندى ... لقد أحسنوا في حمل كل أمانة

ومتبعوهم في سلوك سبيلهم ... إلى الله عن حسن اقتفاء وأسوة

أولئك قوم قد هدى الله فاقتده ... بهم واستقم والزم ولا تتلفت

ولا تعد عنهم إنهم مطلع الهدى ... وهم بلغوا علم الكتاب وسنة

فذو القدح فيهم هادم أصل دينه ... ومقتحم في لج زيغ وبدعة

انظر كيف احترس هذا الإمام العظيم عن دخول معاوية وأشباهه في تلك الأوصاف المحمودة التي مجّد بها أفاضل الصحابة، حيث قيدهم بالمهاجرين والأنصار ومتبعيهم بالإحسان؛ كما قيّد الله رضاه عنهم في الآية الكريمة بتلك القيود، ومن قدح فيمن ذكرهم هذا الإمام.. فلا شك أنه هادم لدينه الخ)(220).

وقال الحبيب العلامة محمد بن عقيل بن يحيى معلقا على أبيات الإمام الحداد: (فهل لمعاوية شيء ممن وصف به الحداد الصحابة؟ كلا، بل هو القادح فيهم الهادم أصل دينه، القاتل جملة من أفاضلهم من الأنصار والمهاجرين، أيظن

---

(220) أبو بكر ابن شهاب، وجوب الحمية، (ص49).

المصانع أن الإمام الحداد يقول: إن عليا أخا النبي عليهما وآلهما الصلاة والسلام هادم أصل دينه بسببه معاوية الداعي إلى النار؟ كلا، ولكن التغرير والتمويه والمخادعة شأن أهل الضلال، فدعهم وما يفترون، والحق وراء ذلك)[221].

* * *

(221) محمد بن عقيل بن يحيى، تقوية الإيمان، (ص58).

المطلب الثاني/ مناقشة موقف الحبيب أحمد بن عمر بن سميط

جاء في مجموع كلامه للشيخ دحمان باذيب قوله: (ولقد أنصف سيدنا عمر ابن عبد العزيز حين سُئل: من أفضل: أنت أم معاوية؟ فقال: **التراب الذي دخل في منخر فرس معاوية وقت الجهاد مع رسول الله.. أفضل من عمر وآل عمر**، أو كما قال سيدنا رضي الله عنه أو ما هذا معناه)(222).

أقول: يستدل به الذابون عن معاوية من العلويين بهذا النص، ولكن لا دلالة فيه على قوله بفضل معاوية فضلا عن حبه له أو ترضيه عنه؛ إذ المقارنة في الجواب لم تكن بين معاوية وسيدِنا عمر بن عبد العزيز، وإنما كان بين التراب في منخر فرس معاوية وقت جهاده مع رسول الله صلى الله عليه وآله وسلم وبين سيدنا عمر بن عبد العزيز.

فإن قيل: التراب فاقَه لكونه في منخر فرس معاوية، فما بالكم بالتراب الذي في منخر معاوية نفسه؟ ثم منخر معاوية نفسه؟ ثم معاوية نفسه؟

أقول: لم يَفُقْهُ الترابُ أفضليةً لكونه في منخر فرسه؛ كما يتوهم بعضٌ، وإنما فاقه لقوله: (وقت الجهاد مع رسول الله)، ومفهومه: التراب الذي دخل منخر فرس معاوية في غير وقت جهاده مع رسول الله.. ليس بأفضل من عمر وآل عمر، فانظر كيف يعامل بعضهم هذا القيد المهم كأنه لم يكن!

فإن قيل: هذا قيد لازم أو جارٍ مجرى الغالب فلا مفهوم له.

قلت: ليس بلازم، ولم يجر مجرى الغالب؛ إذ معاوية لم يجاهد مع رسول الله صلى الله عليه وآله وسلم إلا مرة واحدة(223)، ومع ذلك لم يقع فيه قتال، فأنّى يكون الغالب؟

---

(222) دحمان باذيب، مجموع مواعظ وكلام الحبيب أحمد بن عمر بن سميط، (ص68).
(223) غزوة تبوك 9هـ.

المبحث الرابع/ مناقشة موقف أبرز من يحتج بهم الذابون عن معاوية من العلويين - 125 -

وهناك كلام يشبه هذا للحبيب عبد الله بن عيدروس العيدروس [ت:1347][224]، ولا يمكن الاستدلال به كما يفعله الذابون؛ لأنه خارج محل النزاع، حيث لم يذكر موقف العلويين من حبه أو بغضه أو الترضي عنه أو سبه أو لعنه.

5 من المعلوم لدى أهل السنة قولهم بوجوب السكوت عما جرى بين الصحابة، ولكن نجد أنّ الحبيب أحمد قد خالفهم في ذلك، فلم يجعل ذلك واجبا، بل قال بأنه الأولى فقط، جاء في مجموع كلامه: (ولهذا ما جرى بين الصحابة الأولى السكوت عنه)[225].

* * *

(224) كلام ومناقب الحبيب العارف بالله عبد الله بن عيدروس بن علوي العيدروس، (ق/ 111).
(225) دحمان باذيب، مجموع مواعظ وكلام الحبيب أحمد بن عمر بن سميط، (ص68).

المطلب الثالث/ موقف الحبيب حسن بن علوي ابن شهاب

من أشهر من قام بالرد على ما كتبه الحبيب محمد بن عقيل في كتابه «النصائح الكافية» هو الحبيب حسن بن علوي ابن شهاب؛ فلذا توهم كثيرون أنه كان من الذابين عن معاوية، ولكن الحقيقة الخافية على أغلب العلويين إن لم يكن كلهم هو رجوع الحبيب حسن بن علوي عما كتبه بعد رد العلامة أبي بكر ابن شهاب عليه؛ كما سيأتي بيان ذلك.

فمن أبرز ما ينقله الذابون عنه ما في «**تنوير الأغلاس**» مما دار بين الحبيب أحمد بن حسن العطاس والحبيب حسن بن علوي ابن شهاب أثناء قراءتهم لصحيح البخاري في مسجد باعلوي عندما مروا باسم «معاوية»، وهو سؤال السيد حسن بن علوي له:

(يا سيدي أحمد، أما سمعت هؤلاء - يعني قراء البخاري - يسودون معاوية ويترضون عليه؟

فقال سيدي أحمد: كلنا نسيده ونترضى عليه، أما بلغك قوله عليه الصلاة والسلام: «يا معاوية إنك ستلي أمر هذه الأمة؛ فارفق بها»[226] ودعاؤه له

---

(226) وكتب السيد المحدث حسن بن علي السقاف بعد أن راجع هذا الكتاب: (واهٍ، رواه أبو يعلى (13/ 370) وأحمد (4/ 101)، وليس في هذا فضل ولا منقبة! بل فيه لو صح أنه علم أنه لن يعدل فنصحه بالعدل! على أن هذا حديث من جملة الواهيات! ويكفي أن راويه معاوية!! فكيف إذا انضاف إلى ذلك بأن في سنده سويدًا وهو الذي لَخَّصَ ابن عَدِي قول الأئمة فيه فقال: هو إلى الضعف أقرب.

ثم في رواته من هو أموي لا يقبل قوله في مثل هذه البابة!! وهو عمرو بن يحيى بن سعيد بن عمرو ابن العاص عن جده سعيد بن عمرو بن العاصي!! وهؤلاء لا تقبل أخبارهم في هذه البابة! وعمرو بن يحيى مترجم في «الكامل في الضعفاء» (5/ 122) لابن عدي، روى له البخاري وتحايده مسلم!.

وأورد هذا الحديث الذهبي من جملة أحاديث قال فيها: «ويروى في فضائل معاوية أشياء ضعيفة تحتمل» وعدَّ هذا منها! مع أنه مثلبة وليس فيه ممدحة ولا فضل ولا منقبة! وإنما فيه ابتلاء! وقال تعالى: ﴿وَنَبْلُوكُمْ بِالشَّرِّ وَالْخَيْرِ فِتْنَةً﴾!!).

بقوله: «اللهم اجعله هاديا مهديا»(227)، ودعاؤه له بقوله: «علِّمه الكتاب والسنة وقِهِ العذاب ومكّن له في البلاد»(228).

فقال السيد حسن: ثبتت هذه الأحاديث عندكم؟

فقال: نعم.

قال: «إذا ثبتت عندكم فهي عندي ثابته»(229).

وأقول: سأبيّن في هذا المطلب موقف الحبيب حسن بن علوي ثم موقف الحبيب أحمد بن حسن في المطلب الآتي.

أولا: ليس في كلامه موافقته للحبيب أحمد بن حسن في تسويد معاوية أو

---

(227) قال السيد المحدث حسن بن علي السقاف بعد مراجعته هذا الكتاب: (حديث موضوع، رواه الترمذي في سننه (3842) وقال: حسن غريب، قال أبو حاتم الرازي كما في العلل لابنه (2/ 362-363): (عبد الرحمن ابن أبي عميرة لم يسمع هذا الحديث من النبي صلى الله عليه وآله وسلم)، وقال الحافظ ابن حجر في «التهذيب» (6/ 220) نقلًا عن الحافظ ابن عبد البر أن عبد الرحمن بن أبي عميرة صاحب هذا الحديث: (لا تصح صحبته ولا يثبت إسناد حديثه)، وطرقه تدور على سعيد بن عبد العزيز وكان قد اختلط، ورواه الترمذي (3842) بلفظ آخر عقبه بلفظ: «اللهم اهد به»، وقال الترمذي عقبه: (هذا حديث غريب وعمرو بن واقد يضعَّف)، قلت: عمرو بن واقد: كذاب متروك في كتب الجرح والتعديل، ومعاوية أَضَلَّ الناس وهداهم إلى صراط الجحيم! وراجع كلامنا الموسع على هذا الكتاب في «تناقضات الألباني الواضحات» (2/ 227-230)).

(228) قال السيد المحدث حسن بن علي السقاف بعد مراجعته هذا الكتاب: (موضوع مفترى، رواه أحمد (4/ 127) وابن خزيمة في صحيحه (3/ 214) وابن حبان (16/ 192) والطبراني في الكبير (18/ 251) وفي مسند الشاميين (1/ 190) وابن عدي في الضعفاء (6/ 2402) وابن الجوزي في العلل المتناهية (1/ 272-274)، وضعفه الألباني المتناقض في تعليقه على ابن خزيمة فقال: «إسناده ضعيف، الحارث مجهول» كما ضعفه الشيخ شعيب في تعليقه على ابن حبان، وقال الحافظ ابن حجر في التهذيب (2/ 123): (نعم قال ابن عبد البر فيه: مجهول، وحديثه منكر)، يعني هذا الحديث الذي في سنده الحارث بن زياد الشامي، وقد تكلمت على هذا الحديث مطولًا في كتاب «تناقضات الألباني الواضحات» (2/ 231) فليرجع إليه من شاء).

(229) محمد بن عوض بافضل، تنوير الأغلاس، (3/ 290).

الترضي عنه أو محبته، وإنما وافقه في ثبوت بعض الفضائل.

ثانيا: ما نقل عن الحبيب حسن بن علوي وقع سنة 1318 هـ؛ كما في «**تنوير الأغلاس**»، ولكن اكتفى الذابون بواقعة واحدة فقط، كما فاتهم ما نقله غيرُه عنه، فهل تركهم لغير ما في «تنوير الأغلاس» من الوقائع مما صرح بموقفه بنفسه من الإنصاف؟

بعد أن ردّ الحبيب أبو بكر ابن شهاب على الحبيب حسن بن علوي في كتابه «**وجوب الحمية**» كتب الحبيب حسن إلى الحبيب أبي بكر كتابا يخبره برجوعه عن موقفه في هذه المسألة، وصرح بأنه يكره معاوية وأنه لا يحبه، ولكن مع أننا لم نعثر على تلك المكاتبة وجدنا جواب الحبيب أبي بكر على ما كتبه إليه مع تعليقاته على بعض ما كتب، فمنها قوله في مكاتبة له بتاريخ 4 رمضان سنة 1327 هـ[230]: (أما قولكم «**ونحن ممن لا يحب معاوية ونكرهه**».. **فنقول لك**: هذا هو ظننا في جنابك؛ إذ هو اللائق بفضلك ودينك وصدق إيمانك ويقينك، لا نتهمك بشيء من ذلك، كيف تتصور محبتك لمعاوية وأنت تقرأ قول الله تعالى: ﴿**لَّا تَجِدُ قَوْمًا يُؤْمِنُونَ بِٱللَّهِ وَٱلْيَوْمِ ٱلْـَٔاخِرِ يُوَآدُّونَ مَنْ حَآدَّ ٱللَّهَ**﴾ [المجادلة:22])[231].

فكيف استدل هؤلاء بما وقع بتاريخ 1318هـ على أن موقفه من معاوية موقفُ أهل السنة، فهذا معارض تماما لاستدلالهم.

ثالثا: قد ذكر الحبيب العلامة عبد الرحمن بن عبيد الله أنَّ رأيَ السيد حسن بن علوي في هذه المسألة موافقٌ لرأي الحبيب محمد بن عقيل وأنه عَهِدَه على ذلك، ثم نقل عن الحبيب حسن بن علوي أنّ ردّه على الحبيب محمد بن عقيل كان لأغراض أخرى[232].

فالحبيب عبد الرحمن بن عبيد الله كان مستغربا من رد الحبيب حسن ابن

---

(230) وفيه أن السيد حسن بن علوي كتب إليه بتاريخ 16 شعبان سنة 1327هـ.

(231) المكاتبة بتمامها ملحق بـ«وجوب الحمية» (ص101).

(232) عبد الرحمن بن عبيد الله السقاف، بضائع التابوت، (3/ 316).

شهاب على الحبيب محمد بن عقيل؛ لما هو معلوم من موافقته للحبيب محمد بن عقيل في هذه المسألة، حتى أن الحبيب محمد بن عقيل عندما طلب من الحبيب أبي بكر ابن شهاب تقريظا لكتابه «النصائح الكافية» قرظه وذكر له عددا من أهل العلم ممن هم على رأيهما ليطلب التقريظ منهم، وذكر منهم الحبيب حسن ابن شهاب؛ كما جاء في مكاتبة من الحبيب أبي بكر ابن شهاب إلى الحبيب محمد ابن عقيل: (وإن كتب عليها الأخ حسن بن شهاب تقريظ.. فهو أحسن)(233).

فما سبق من النصوص صريح في أنّ الحبيب حسن بن علوي كان على منهج مخالف لأهل السنة قبل تأليف الحبيب محمد بن عقيل لـ(النصائح) وبعد تأليفه له، ولكن المدة التي بين ذلك - وهي التي كتب فيها ردا على الحبيب محمد بن عقيل - يحتمل أنّه رجع إلى مذهب أهل السنة كما يحتمل أنّه كان موافقا لهم في الظاهر فقط دون الباطن، ويؤيد الثاني ما نقلناه عن العلامة ابن عبيد الله السقاف.

* * *

―――――――――

(233) مكاتبة من الحبيب أبي بكر ابن شهاب إلى الحبيب محمد بن عقيل بتاريخ 20/ شوال/ 1325هـ.

المطلب الرابع/ موقف الحبيب أحمد بن حسن العطاس

من أغمض مواقف العلويين في هذه المسألة موقف الحبيب أحمد بن حسن العطاس، فكثيرون من معاصري العلويين يجعلونه عمدتهم في قولهم بمحبة معاوية والترضي عنه وتسويده، حيث توهموا أنّ مذهبه كذلك؛ أخذا من بعض نصوص نُقلت عنه، ولكنهم لم يعتمدوا على منهج علمي للتوصل إلى معرفة موقفه في هذه المسألة، فنراهم يذكرون نصًّا واحدا أو نصين ويغضون الطرف عما سوى ذلك، فقد سكتوا عما وُجد من كلامه المخالف لذلك، وجاء عن الحبيب أحمد بن حسن العطاس كلام مضطرب، فليس من الإنصاف أن يُذكر بعضه ويُترك غيره، أو يذكر ما ذكر في زمن متقدم ويترك ما ذكره في زمن متأخر عنه، بل يجب الإنصاف وذكر كل ما ورد عنه، وبعد ذلك يمكن مناقشة موقفه من معاوية والتوصل إلى رأيه.

فمن أبرز ما يستدل به الذابون عن معاوية من العلويين موقفه مع الحبيب حسن بن علوي ابن شهاب الذي تقدم نقله في المطلب السابق، وأيضا قوله: **(الصحابة كلهم عدول وكلهم فضلاء)**[234]، وقوله: **(وبعض الناس يتجرأ على تنقيص بعض الصحابة وليس له أسوة من سلفه في ذلك)**[235]، وأيضا ما وقع بعد وصول مكاتبة إليه من الحبيب محمد بن عقيل بن يحيى - وهو في دوعن - يخبره بجمعه لكتابه «النصائح الكافية».

فبمجرد ذلك ظهر لبعض المتأخرين أن الحبيب أحمد بن حسن العطاس كان يحب ويترضى ويسود معاوية، ولكنّ الأمر بخلافه.

الحبيب أحمد بن حسن لم يكن موقفه واحدا، بل كان يأتي بكلام موافق لمذهب أهل السنة تارة وتارة بكلام مخالف.

---

(234) محمد بن عوض بافضل، تنوير الأغلاس، (3/ 140).

(235) المصدر السابق.

فيحدثنا الحبيب العلامة عبد الرحمن بن عبيد الله السقاف الذي عاصر الضجة التي حصلت أثناء طبع «النصائح الكافية» أنّ كلام الحبيب أحمد بن حسن كان مضطربا في هذه المسألة بقوله: (أما أحمد بن حسن.. فكان يمجمج الكلام فيها، تارة يقول كذا وتارة كذا)(236)، فحينئذ وجب الجمع أو الترجيح(237) بين ما اختلف من كلام الحبيب أحمد بن حسن العطاس، **فأقول**:

ما ذكر في «تنوير الأغلاس» كان سنة 1318 هـ، ووقع بعده في عام 1326 هـ رحلته إلى دوعن التي فيها وصل إليه كتاب من الحبيب محمد بن عقيل يخبره بجمع كتابه «النصائح الكافية»(238)، وبعد أن نُقل في ذلك الموقف أن الحبيب أحمد كان ينهى عن نشر **«النصائح»**(239).. كتب إليه الحبيب أبو بكر ابن شهاب يعاتبه - في مكاتبة طولها سبع صفحات - لما بلغه من موقفه من معاوية وانتقادِه على **«النصائح الكافية»**، ويصف السيد محمد أسد شهاب موقف الحبيب أحمد بن حسن العطاس بعد أنّ اطلع على ما كتبه الحبيب أبو بكر إليه بقوله:

(اتضح للسيد أحمد بن حسن العطاس بعد استلامه رسالة السيد ابن شهاب بهتان النمامين وكذب الخراصين وفتن المغرضين وبانت له الحقائق، فاطلع على كتاب «النصائح الكافية» فوجد فيه الضالة المنشودة، فأعجبه حسن الادلاء ودقة البحث وعمق التحقيق الذي يدل على رجاحة المؤلف وتبحره في العلم وسعة

---

(236) عبد الرحمن بن عبيد الله السقاف، بضائع التابوت، (3/ 154) بخطه، وعلق عليه بقوله: (وأخبرني الولد بو بكر المحضار عن السيد محمد بن عقيل أن العلامة السيد أحمد بن حسن العطاس قال له: نحن إمامية وأجدادنا إمامية... وفي ديوان سيدي الحبيب أحمد بن محمد المحضار ما يصدقه في غير قصيدة...).

(237) وسواء إذا رجحنا أحدهما أو جمعنا بينهما فكلامه مخالف لما يطلقه الذابون عن معاوية.

(238) محمد بن عوض بافضل، تنوير الأغلاس، (1/ 380-381)، وأصله في رحلته إلى دوعن التي كتبها الحبيب علوي بن طاهر الحداد.

(239) في مكاتبة الحبيب أبي بكر ابن شهاب إليه [أبو المرتضى، (ص273)]: (يا سيدي، نقل المرجفون أنكم تنهون عن نشر الرسالة، بل وعن النظر فيها جملة واحدة، وقد استغربت ذلك غاية الاستغراب).

اطلاعه، فشكر للسيد محمد بن عقيل جهوده الكبيرة ومساعيه الخيرة لإنارة الطريق وقَدَره تقديرا ورجاه في مواصلة السعي والمثابرة في العمل لقطع السنة الخراصين أعداء أهل البيت النبوي الطاهر الكريم ولجم أفواه المفسدين، ثم قلد السيدُ أحمدُ بن حسن أخاه السيد محمد بن عقيل وافر تشكراته وعظيم تقديره)[240].

ويشهد لقول السيد محمد أسد شهاب تصريح الحبيب أحمد بن حسن بذلك في مكاتبة إلى الحبيب محمد بن عقيل بعد عتاب الحبيب أبي بكر ابن شهاب له، وفيها قوله: (ووصل كتاب[241] من الصنو بو بكر، وودنا نجوب عليه **ولكن في شريف علمه ما يغنيه عن مثلنا وعن مثل كلامنا**، وبعض الأشياء الإعراض عنها أولى، **وأنتم على خير إن شاء الله تعالى، وإن حصل شيء من الفضول في المقول.. فالباطن إن شاء الله محفوظ**، والله يتولانا وإياكم بما يتولى به الصالحين في لطف وعافية... **وسَلِّم على الصنو بو بكر بن شهاب واعتذر لنا عنده من عدم الجواب، وقولوا له: أنت أعلم بما يحسن اخفاه وابداه**)[242].

* قوله رضي الله عنه: «**وأنتم على خير**» إقرار منه بجواز الخوض في هذه المسألة، فمن تبع الحبيب محمد بن عقيل في ذلك.. فهو على خير بشهادة الحبيب أحمد بن حسن العطاس.

* وقوله رضي الله عنه: «**وقولوا له: أنت أعلم بما يحسن اخفاه وابداه**» إقرار منه باتباعه للحبيب أبي بكر ابن شهاب بعد أن قال له أثناء عتابه له بأنه لا ينبغي السكوت عن هذه المسألة، أي قوله: (وأما الأمر بالسكوت عنه.. فليس بمستصوب؛ لأن للسابقين أعذارا قد زالت وانمحت آثارها وذهبت، وغاية الشخص اليوم إذا لم يتضح له الحق أن يسكت ولا يجوز له قطعا أن يأمر من

(240) محمد أسد شهاب، أبو المرتضى ابن شهاب، (ص271-272).

(241) أي المكاتبة التي عاتب فيها الحبيبَ أحمد بن حسن العطاس.

(242) نقله الحبيب محمد بن عقيل في المذكرات (ص67-68)، تاريخ 22/ ذي القعدة/ 1326هـ، وينظر المذكرات، (ق/ 60).

عرف الحق وجاء به بالسكوت، ولماذا نسكت عن مخزيات معاوية؟...)‏(243)‏، وقوله: (ولماذا نسكت عن معاوية أو ننهى عن ذكر مخزياته وفضائحه؟)‏(244)‏.

أقول: وهذا إنما يدل على أنّ كل ما ظهر من خلافات بين الحبيب أحمد بن حسن العطاس وبين الحبيب أبي بكر ابن شهاب والحبيب محمد بن عقيل ومكاتبات جرت بينهم وما نقله الشيخ محمد بن عوض بافضل عنه من ذمه لـ«النصائح الكافية» لم تزد عن سبعة أشهر؛ أي: واقعة بين 6/ ربيع الثاني/ 1326 هـ‏(245)‏ وبين 11/ ذي الحجة/ 1326 هـ‏(246)‏ أي مدة لا تزيد عن سبعة أشهر.

أما بعد ذلك.. فقد تراجع الحبيب أحمد بن حسن العطاس وتبع الحبيب أبا بكر ابن شهاب، فما ينقله كثيرون من نصوص للحبيب أحمد بن حسن فيها ذم «للنصائح الكافية» مردود لا حجة فيها؛ لتراجع الحبيب أحمد بن حسن العطاس رحمه الله تعالى عنها.

* * *

بيان تأخر ما ذكرناه من موقفه على نصوص الذابين عن معاوية

ما ذكروا مما وقع في مسجد باعلوي كان عام 1318هـ، أما وصول مكاتبة الحبيب محمد بن عقيل إليه.. فكان أثناء رحلة الحبيب أحمد بن حسن إلى دوعن بتاريخ 4/ جمادى الأول/ 1326هـ وجلس فيها سبعة عشر يوما‏(247)‏، وكاتبه

─────────────

(243) نقله محمد ضياء شهاب في كتابه «أبو المرتضى» (ص274).
(244) المصدر السابق، (ص275).
(245) وهي تاريخ مكاتبة من الحبيب محمد بن عقيل يخبر الحبيب أحمد بن حسن بجمعه رسالة باسم «النصائح الكافية» وسيأتي نقلها.
(246) أي التاريخ الذي اعتذر الحبيب أحمد بن حسن للحبيب أبي بكر ابن شهاب وصرح بأن الحق معه.
(247) الرحلة الدوعنية، (ص137)، ضمن ترجمة الحبيب أحمد بن حسن لابنه علي.

الحبيب محمد بن عقيل تاريخ 6/ ربيع أول/ 1326هـ[248]، ووصل إليه كتابه أثناء الرحلة بتاريخ 11/ جمادى الأول/ 1326هـ وأجاب الحبيب محمد بن عقيل في ذلك اليوم[249]، ومكاتبة الحبيب أبي بكر ابن شهاب كانت بعد ذلك.

* * *

رأي الحبيب أحمد بن حسن العطاس من «النصائح الكافية»

قد يقال بأنّ ما سبق من تراجع الحبيب أحمد بن حسن العطاس إنما كان لمجرد الخوض في هذه المسألة، ولم يعلم بمضمون «النصائح الكافية» بما فيها من القدح في معاوية وجواز لعنه، فلا يمكن القول بأنه وافق الحبيب أبا بكر ابن شهاب والحبيب محمد بن عقيل في قولهما.

أقول: هذا مردود من وجهين:

الوجه الأول: لم يخفَ على الحبيب أحمد بن حسن مضمون «النصائح»، فقد صرح له ببعض ما فيها الحبيب أبو بكر ابن شهاب في أثناء عتابه له، ومن ذلك قوله: (وذلك الأمر هو إنكاركم – كما قالوا – على أخينا السيد محمد بن عقيل حفظه الله في جمعه الرسالة التي رد فيها على صاحب المنار الذي أفتى باستحباب تسويد معاوية واستحسان الترضي عنه وتعظيمه والمنع من سبه ولعنه)[250]، فكيف يقال بأنّ الحبيب أحمد بن حسن جهل مضمون الرسالة وكلام الحبيب أبو بكر صريح في أن «النصائح» تدور على جواز لعن معاوية وعدم استحباب الترضي عنه وعدم تسويده وعدم تعظيمه؟! وفي رسالته طعنٌ شديد في معاوية وما دعا إليه الحبيب محمد بن عقيل، فليرجع إليه من زعم جهلَ الحبيب أحمد بن حسن عما كان يدعو إليه الحبيب محمد بن عقيل وشيخه.

---

(248) محمد بن عقيل بن يحيى، المذكرات، (ص53).
(249) المصدر السابق، (ص55).
(250) محمد أسد شهاب، أبو المرتضى، (ص273).

الوجه الثاني: الحبيب محمد بن عقيل فرغ من كتابة «**النصائح الكافية**» بتاريخ 11/ صفر/ 1326 هـ [251]، ثم وصل من المطبعة بتاريخ 14/ جماد الأول/ 1327 هـ [252] فأرسله بعد ذلك بأيام مع السيد محمد بن عبد الله البار ليعطيه الحبيب أحمد بن حسن العطاس [253].

ومما يجهله الذابون عن معاوية أن الحبيب محمد بن عقيل عَرَضَ كتابه «النصائح الكافية» على عدد من شيوخه وعلماء عصره لينظروا فيه وليصلحوا ما قد يكون فيه من الزلل، ومن الذين كاتبهم ليستشيره وليصحح ما قد يكون جانب الصواب فيه الحبيبَ أحمد بن حسن العطاس، فقال في مكاتبة إليه:

(وقد قدّمنا إليكم نسخة من الرسالة «**النصائح الكافية لمن يتولى معاوية**» لتتكرموا بمطالعتها وإفادتنا بما يظهر لكم من الحكم لها أو عليها؛ نصحًا لله ولكتابه ولرسوله وللمسلمين، فمثلكم من لم يؤثر برضا الخالق على رضا المخلوقين، والمؤمن مرآة المؤمن، والمملوك لا يدعي العصمة ولا يبيع تلك الرسالة بشرط البراءة من العيوب، حاشى وإذا تمَّ لكم تأملها وفحص أدلتها وبراهينها يكون الحكم على غير غائب، وما راء كمن سمعا...)[254].

وقال الحبيب محمد بن عقيل: (وقد أرسلت إليه نسخة من «النصائح» وكاتبته ثم واجهته بحضرموت مرارا **فلم يبد اعتراضًا ما على ما كتبته**، بل تعرضت لاستجراره مرارا للبحث في نحو ما كتبت فيه **فيقول: مذهبنا إمامية؛ كمذهب أسلافنا** - أو ما هذا معناه - ويترك البحث)[255].

(251) محمد بن عقيل بن يحيى، النصائح الكافية لمن يتولى معاوية، (ص336).
(252) محمد بن عقيل بن يحيى، المذكرات، (ص115).
(253) محمد بن عقيل بن يحيى، المذكرات، (ص57-58).
(254) المصدر السابق، (ص57-58)، وكتبه إليه بتاريخ 18/ جمادى الأولى/ 1327هـ.
(255) المصدر السابق، (ص57).

أقول: فزعْم الذابين أن الحبيب أحمد بن حسن العطاس كان مواليا لمعاوية باطل، بل أقرّ بما كتبه الحبيب محمد بن عقيل بن يحيى في «النصائح» ولم يبدِ أي اعتراضا، بل صرح بأن مذهبنا إمامية كمذهب أسلافنا.

فلا يصح لزاعم بعدُ نسبة ما ينسبه الذابّون إلى الحبيب أحمد بن حسن العطاس؛ إذ كان ذلك كله قبل أن يكتب إليه الحبيب أبو بكر ابن شهاب ويطلع على «**النصائح الكافية**» بنفسه، ولكن بعد ذلك تغير رأيه إلى موقف مغاير تماما، ولا يخفى أن القول المتأخر مُقدّم على المتقدّم إذا تعارضا ولم يمكن الجمع(256)، **فهذا هو الترجيح**.

وأما الجمع.. فهو أولى بل لازم؛ لإمكانه، وهو بأن يحمل موافقته للحبيب محمد بن عقيل على ما ذكره في مجالسه الخاصة وعند الخواص من العلويين، وما ذكره مخالفا له إنما كان في مجالس عامة أو مع غيره ممن ليس من العلويين، أو كان إنكارا على الجهر والتصريح بما أخفاه سلفنا العلويون ولم يبدوه، مع أنّه في آخر أمره رأى صواب الجهر بذلك.

ومما يؤيد الجمع قوله في مكاتبة إلى الحبيب محمد بن عقيل بعد أن أخبره بأنه جمع تلك الرسالة: (من الفقير إلى عفو الله أحمد بن حسن بن عبد الله العطاس إلى الولد المبارك العزيز علينا محمد بن عقيل بن عبد الله بن عمر بن يحيى، الله يحفظه في ذاته وصفاته وعقيدته وسريرته وينور بصيرته، حتى يفرق بين العلم والمعلوم، والفهم والمفهوم، وما شرحتوه في الكتاب صار له معلوما، **وهذه المسألة مسكوت عنها**، ولا أحد سألكم عنها، والزمان والمكان ما هو محتاج إلى ذكرها وظهورها وخطئها وصوابها، ولنا سلف نسير بسيرهم، ونعمل بأعمالهم، **ونبدي ما أبدوه، ونخفي ما أخفوه**، ولاحد باينشد من مثلنا وأمثالنا، ولنا تعلق بحالك ومستغنين عن أقوالك وخوضك في ما لا يعني، والحذر من الرسالة

---

(256) ينظر غاية الوصول لزكريا الأنصاري (ص148).

المبحث الرابع/ مناقشة موقف أبرز من يحتج بهم الذابون عن معاوية من العلويين - 137 -

وإشاعة الفسالة...)[257].

أقول: فتحذيره الصريح كان على إظهار ما أخفاه السلف ولم يبدوه، لا مضمونَ الرسالة؛ كما توهم بعضٌ، ويؤيد ذلك ما سبق من أنه لم يعترض اعتراضا واحدا على ما فيها، ويؤيد هذا الاحتمال أمور، أهمها:

- كونه صريح قول الحبيب أحمد بن حسن في مكاتبة إلى الحبيب حسن ابن شهاب حيث قال له:

(وقد وصل إليّ كتاب وذكر[258] أنه جمع بعض رسائل فيما لا يعني، وجوبنا عليه **وقلنا له**: لا حاجة لذلك، **وأنتم مكفيون بالشيعة القائمين بتلك الوظائف**)[259]، وفيه تصريح واضح بموافقته للشيعة في هذه المسألة وبأنه لا حاجة لتأليف مثل «النصائح»؛ إذ الشيعة قد قاموا بالفرض.

- كونه هو الذي فهمه الحبيب محمد بن عقيل من تلك المكاتبة، حيث قال في جوابه عنها: (**وما ذكرتم سيدي عن المسألة والسكوت عنها.. فهمناه**، غير أنه من المعلوم لدى سيدي نفعنا الله بعلومه أنّ من تكلم فيها أفضل وأورع وأتقى وأرضا لله عمّن سكت، وأن المتكلم فيها هو المؤيد بالحجة...)[260].

---

(257) محمد بن عقيل بن يحيى، المذكرات، (ص54)، كتبه إليه بتاريخ 11/ جمادى الأولى/ 1326 هـ، مكاتبات الحبيب أحمد بن حسن العطاس (ق/ 90).

(258) أي: الحبيب محمد بن عقيل.

(259) مكاتبات الحبيب أحمد بن حسن العطاس (ق/ 108)، ونقل المكاتبة أيضا الشيخ محمد بن عوض بافضل في «إيناس الناس » (2/ 44) وكذلك ابن المؤلف في مجموع مناقب والده (3/ 43)، وفي هذا النص بيان لقول الحبيب عبد الله بن عمر الشاطري [نفحات النسيم الحاجري، (ص345)]: (من أراد أن ينفع الله به وينتفع، ويكون متمسكا بالطريقة التي نحن عليها معشر العلويين ويكون من المحبوبين.. فعليه ترك الخوض في الصحابة ولا يجادل من خاض)، فإنه لا يقصد بذلك تهجير المبتدع وعدم مناظرته، بل أنّ منهج العلويين عدم التصريح بذلك، فلا يحتاجون الكلام في هذه المسألة؛ لأنهم مكفيون بالشيعة.

(260) محمد بن عقيل بن يحيى، المذكرات، (ص56).

فالحاصل أنّ الحبيب أحمد بن حسن كان لا يرضى إظهار هذه الأمور وإشاعتها لا سيما عند غير العلويين كما هو معلوم لمن استقرأ موقفه في هذه المسألة لسببين:

1) لكون الكلام في الصحابة مطلقا شعارا للمبتدعة من الرافضة ومن شابههم، فمع موافقة الحبيب أحمد للحبيب محمد بن عقيل في موقفه من معاوية إلا أنه رأى عدم الحاجة إلى التأليف في هذا الأمر؛ إذ الشيعة قد قاموا بالواجب، فمن دخل في هذا الباب من غيرهم لا سيما إن كان في مجتمع سنّيّ.. فإنه سيؤذى؛ وهو ما حصل للحبيب محمد بن عقيل رحمه الله.

2) لقوله بأنّ السلف أعرضوا عن الخوض فيها.

وقد بين السببين في تلك المكاتبة إلى الحبيب حسن بن علوي ابن شهاب: (وبلغنا أن هناك من الخوض فيما لا يعني **وإظهار لغير المرضي إشاعته وظهوره، ولا أحببنا ذلك ولا ذكره سواء كان حقا أو باطلا**[261]؛ لأنه صار عَلَمًا على أهل الانحراف في العقائد والأديان، **وقد درج السلف الصالح جميعهم وهم معرضون عن الخوض في ذلك)**[262].

* * *

نشر الحبيب محمد بن عقيل بن يحيى لـ «النصائح الكافية» مع نهي الحبيب أحمد بن حسن العطاس عنه

تقدم أنه لما أخبر الحبيب محمد بن عقيل شيخه الحبيب أحمد بن حسن أنه جمع كتابا باسم «النصائح الكافية لمن يتولى معاوية» نهاه عن ذلك، وقال له بعد ما

(261) وكان بإمكان الحبيب أحمد بن حسن التصريح بأنّ الحبيب محمد بن عقيل خالف مذهب العلويين، ولكن تراه يتقيد دائما بعبارات محتملة كقوله هنا: «سواء كان حقا أو باطلا».

(262) أحمد بن حسن العطاس، مكاتباته، (ق/ 107)، سنة 1326هـ.

أشار عليه بالسكوت في هذه المسألة: (والحذر من الرسالة وإشاعة الفسالة)(263).

ولكن مع ذلك طبع الحبيب محمد بن عقيل كتابه، فمن يقف إلى هذا الحد سيرى مخالفته لشيخه وأنّ الحبيب أحمد بن حسن لم يرضَ في يوم من الأيام بطبع «النصائح»، ولكن الأمر ليس كذلك كما سنبينه، وقد بيّن الحبيب محمد بن عقيل سبب طبعه له مع تحذير الحبيب أحمد بن حسن، فقال له في مكاتبة إليه:

(وأما إشارتكم بعدم نشر الرسالة.. فقد جاء بعد الشروع في طبع خمسة آلاف نسخة منها، وقد كانت قبل اطلاعكم على الرسالة(264)، ووقوفكم على ما فيها من قواطع الحجج وسواطع البينات، **والحكم على الشيء فرع عن تصوره**(265)، **فلذلك لم نَرُد الامضاء**، مع اعتقادنا أنكم أنصار الحق شهداء لله ولو على أنفسكم، وإذا تمّ طبع الرسالة نقدمها إليكم، **وهذا كتابنا شهيد علينا أن ما تبينوه لنا أنتم أو غيركم أنه خطأ وتقيمون الدليل عليه أننا نبادر بالرجوع عنه**؛ إذ الحق الضالة المنشودة لكل منصف)(266).

أقول: وكان الأمر كذلك، فبعد أن اطلع عليها الحبيب أحمد بن حسن.. لم يعترض على شيء مما فيه؛ كما سبق بيانه، بل بعد أن عاتبه الحبيب أبو بكر ابن شهاب رجع الحبيب أحمد بن حسن عما كان يقوله من السكوت ووافق الحبيب

(263) محمد بن عقيل بن يحيى، المذكرات، (ص54)، كتبه إليه بتاريخ 11/ جمادى الأولى/ 1326هـ، مكاتبات الحبيب أحمد بن حسن العطاس (ق/ 90).

(264) الرسالة: أي التي كتبها إليه وذكر فيها أنه جمع كتابا باسم «النصائح الكافية لمن يتولى معاوية».

(265) وقال الحبيب أبو بكر ابن شهاب في مكاتبة له معاتبا الحبيب أحمد بن حسن [أبو المرتضى، (ص273)]: (إنكم لم تقفوا على هذه الرسالة ولم تنظروا ما تضمنتها من الصواب أو الخطأ، وحكمُ الإنسان على ما لم يقف عليه ولم يدرك حقيقته تسرعٌ لا يليق بأمثالكم من ذوي العقل والحكمة والفضل).

(266) محمد بن عقيل بن يحيى، المذكرات، (ص56)، بتاريخ 20/ رمضان/ 1426هـ.

أبا بكر والحبيب محمد بن عقيل في أن الصواب الجهر في هذه المسألة(267)، **فلا يصح لزاعم أن يقول بأنّ الحبيب أحمد بن حسن لم يوافق على نشر «النصائح»**؛ إذ كان ذلك قبل اطلاعه عليه وتوضيح الحبيب أبو بكر ابن شهاب المسألةَ له.

* * *

فالحاصل في تحقيق موقف الحبيب أحمد بن حسن العطاس أنه كان من المؤيدين لما ذهب إليه الحبيب أبو بكر ابن شهاب والحبيب محمد بن عقيل، بل وافقهما في أنّ الصواب الجهر في هذا الأمر آخرا لا السكوت عنه كما كان يراه - وذهب إليه كثيرون - قبل توضيح وعتاب الحبيب أبي بكر ابن شهاب.

فكل ما يَنقل عنه كثيرون عن موقفه من المكاتبة التي وصلت إليه من الحبيب محمد بن عقيل بترٌ لموقفه؛ إذ هو كلامٌ متراجع عنه أو إظهار لغير ما يبطنه.

* * *

---

(267) وقد تقدم نقل موافقته لهما في الجهر عن المذكرات (ص 67-68).

التعليق على بعض كلام الحبيب أحمد بن حسن العطاس يحتج به الذابون عن معاوية

سأعلق هنا على بعض نصوص أخرى نقلت عن الحبيب أحمد بن حسن العطاس يكثر استدلال الذابون بها، منها:

* قوله رضي الله عنه: «**وبعض الناس يتجرأ على تنقيص بعض الصحابة وليس له أسوة من سلفه في ذلك**».

أقول: ما المراد بالسلف؟

إن كان المصطلح العام؛ أي: من توفي قبلنا.. فقد ثبت تنقيص معاوية عن عدد منهم، أبرزهم الحبيب علي بن حسن العطاس [ت: 1172هـ]، فانتقصه بطعن صريح سيأتي نقله وبيانه في مطلب خاص[268]، ولعلّ من أبرز أسباب تراجع الحبيب أحمد بن حسن في هذه المسألة ذكْرَ الحبيب أبي بكر له موقف الحبيب علي بن حسن في هذه المسألة[269].

وإن كان المراد من قَبْلَ الشيخ علي، أو المصطلح الخاص عند المسلمين؛ أي: أهل القرون الثلاثة.. فقد لعنه الإمام علي عليه السلام، أَوَ ليس الإمام علي عليه السلام من سلفنا؟

وقد تقدم بيان ذلك في مبحث موقف السادة آل باعلوي من لعن معاوية.

والأولى حمل قوله: «**الصحابة**» على تعريف الإمام الحداد السابق، فحينئذ لا اعتراض على كلامه رضي الله عنه، **بل هو لازم لما علم من موقفه سابقا.**

* قوله رضي الله عنه: «**وإنما حمله على ذلك اطلاعه على بعض التواريخ التي جمع فيها الغث والسمين والحق والباطل**» محمول على الروايات من كذب

---

(268) (ص157).

(269) ينظر «أبو المرتضى» لمحمد أسد شهاب (ص277).

الروافض مما طعنوا بها في الشيخين وخيرة الصحابة، وليس المقصود ما صح في كتب التاريخ من مثالب معاوية، فلا شك أنّه اطلع على ذلك ويعلم ثبوتَ نصبِه ولعنه وبغضه للإمام علي عليه السلام؛ كما قد صرح به تلميذه الأخص الحبيب العلامة المؤرخ علوي بن طاهر الحداد، حيث أثبت أن معاوية كان ناصبيا يبغض الإمام علي عليه السلام وكان يلعنه ويسبه، ونصه: (فقد جرحوا الصحابي عامر بن الطفيل لمحبته لعلي عليه السلام، **ولم يجرحوا معاوية لبغضه وعدواته وسبه ولعنه له)**[270].

* * *

(270) علوي بن طاهر الحداد، إقامة الدليل على أغلاط الحلبي في نقده العتب الجميل، (ص296) ملحق بالعتب الجميل بتحقيق عبد الله العلوي.

إثبات الحبيب أحمد بن حسن العطاس لمعاوية فضائل

ثبت في «تنوير الأغلاس» تصريح الحبيب أحمد بن حسن العطاس بثبوت عدد من الفضائل لمعاوية، أي: حديث: «اللهم اجعله هاديا مهديا»، و«إنك ستلي أمر هذه الأمة فارفق بها»، «اللهم علمه الكتاب والحساب وقه العذاب ومكن له في البلاد»[271].

أقولُ: الحكم بأنّ هذه الأحاديث ثبتت عنده بترٌ لموقفه كذلك، فقد قاله عام 1318هـ؛ أي: قبل اطلاعه على «النصائح الكافية» بتسع سنين، والحبيب محمد ابن عقيل توسع في «النصائح» في الحديث عن بطلان كل فضيلة في حق معاوية وأنه لم يثبت في ذلك شيء[272]، وقد أقرّ الحبيب أحمد بن حسن بذلك ولم يبدِ اعتراضا واحدا على ما كتب في «النصائح»[273]، فالصواب من موقف الحبيب أحمد بن حسن أنه لا يرى ثبوت فضيلة واحدة في معاوية، ومع وضوح موقف الحبيب أحمد بن حسن لنناقش ثبوت هذه الأحاديث للفائدة، فأقول:

يزيد كثيرون من شيعة معاوية بعد قول الحبيب حسن بن علوي ابن شهاب: (ثبتت هذه الأحاديث عندكم؟)[274] قولهم: «يعني بالكشف» دون تنبيه أنه زيادة منهم، ولا وجود لذلك في «تنوير الأغلاس».

فالأصل بقاء كلامه رضي الله عنه على ظاهره، فنقول بأنّ الحبيب أحمد رأى ثبوت هذه الأحاديث ولكنه بعد أن اطلع على بطلانها تراجع عن قوله.

ولو سلمنا بأنها ثبتت عنده بالكشف.. فلا حجة للكشف في إثبات صحة

---

(271) محمد بن عوض بافضل، تنوير الأغلاس، (3/ 290). تقدم تخريج السيد المحدث حسن السقاف للأحاديث قبل قليل.
(272) محمد بن عقيل بن يحيى، النصائح الكافية، (ص256).
(273) تقدم (ص135).
(274) محمد بن عوض بافضل، تنوير الأغلاس، (3/ 290).

الأحاديث وعدمه[275]، والكشف يتغير من شخص إلى شخص، وإنما المَرَدُّ في صحته وعدمه إلى قول الحفاظ والمتخصصين في هذا الفن، وقد صرحوا بأنه لم يثبت في فضل معاوية شيء، ومن ذلك:

قال الحافظ ابن حجر: (وأخرج ابن الجوزي أيضا من طريق عبد الله بن أحمد بن حنبل سألت أبي: ما تقول في علي ومعاوية؟ فأطرق ثم قال: اعلم أن عليا كان كثير الأعداء ففتش أعداؤه له عيبا فلم يجدوا، فعمدوا إلى رجل قد حاربه فأطروه كيادا منهم لعلي، قال: فأشار بهذا إلى ما اختلقوه لمعاوية من الفضائل مما لا أصل له، وقد ورد في فضائل معاوية أحاديث كثيرة **لكن ليس فيها ما يصح من طريق الإسناد**[276]، وبذلك جزم إسحاق بن راهويه والنسائي

---

(275) عبد الفتاح أبو غدة، تعليقاته على المصنوع في معرفة الحديث الموضوع، (ص141-142)، (ص215-218)، وقال في رده على العجلوني وغيره (ص274): «هذا ما نقله العجلوني وسكت عليه واعتمده، ولا يكاد ينقضي عجبي من صنيعه هذا، وهو المحدث الذي شرح «**صحيح البخاري** »، كيف استساغ قبول هذا الكلام الذي تهدر به علوم المحدثين، وقواعد الحديث والدين، ويصبح به أمر التصحيح والتضعيف من علماء الحديث شيئا لا معنى له بالنسبة إلى من يقول: إنه مكاشف أو يرى نفسه أنه مكاشف! **ومتى كان لثبوت السنة المطهرة مصدران: النقلُ الصحيح من المحدثين والكشفُ من المكاشفين؟!** فحذار أن تغترّ بهذا، والله يتولاك ويرعاك ».

ولو قلنا تنزلا بكونه كاشفا عن حكم الحديث.. فذلك ليس على إطلاقه، بل مشروط بشروط، قال أبو الفيض محمد الكتاني في «**الذب عن التصوف** » (ص25): «على أن العمل بالتصحيح والتضعيف عند أرباب هذه الطريقة رضي الله عنهم مشروط بشروط عندهم ومضبوط بضوابط، أهمها عدم معارضتها للأصول العامة التي دلت عليها الأدلة الكلية أو احتفت لتقوية أدلتها القرائن الجملية »، ولا يخفى معارضة هذه الأحاديث للأحاديث الصحيحة عن النبي صلى الله عليه وآله وسلم [ينظر ما يعارضه من الأحاديث الصحيحة في «أصل تقوية الإيمان » (ص55-58)]، فبطل صحة ما قيل من فضائله عند المحدثين وعند الصوفية، فإثبات صحته بالكشف حجة لنا لا لكم؛ لعدم احتماله إلا المعنى الذي سيأتي عن الحبيب محمد بن عقيل، وبإنكار صحته يثبت قولنا بأنه ليس له فضيلة، وينظر «**صادق الفجرين في جواب سؤال البحرين** » للعلامة الألوسي (ق/ 13-18).

(276) وعلق عليه الحبيب محمد بن عقيل في «**أصل تقوية الإيمان** » بقوله (ق/ 41): (وقول فتح

وغيرهما)[277].

وقال الحافظ السيوطي بعد ذكره حديثا موضوعا في فضل معاوية: (**قال الحاكم**: سمعت أبا العباس محمد بن يعقوب بن يوسف يقول: سمعت أبي يقول: سمعت إسحاق بن إبراهيم الحنظلي يقول: **لا يصح في فضل معاوية حديث**)[278].

وقال العيني في شرح البخاري: (**فإن قلت**: قد ورد في فضيلته [يعني معاوية] أحاديث كثيرة.. **قلتُ**: نعم، **ولكن ليس فيها حديث صحيح يصح من طرق الإسناد**، نص عليه إسحاق بن راهويه والنسائي وغيرهما، فلذلك قال [أي: البخاري]: «**باب ذكر معاوية**» ولم يقل فضيلة ولا منقبة)[279].

وقال الملا علي القاري: (ومن ذلك [أي القواعد العامة في معرفة الأحاديث الموضوعة] ما وضعه بعض جهلة أهل السنة في فضائل معاوية، قال إسحاق بن راهويه: لا يصح في فضل معاوية بن أبي سفيان عن النبي صلى الله عليه وآله وسلم شيء)[280].

وقال الشوكاني رحمه الله في «**الفوائد المجموعة**»: (اتفق الحفاظ على أنه لم

الباري: (**ليس فيها ما يصح من طريق الإسناد**) أي: فضائل معاوية المخترعة، يعني فضلا عن شهادة الواقع بعدمها وكذبها، وكونها معارضة ما هو ثابت وصحيح، ومع هذا لو صح الإسناد.. لم يثبت المتن، فكيف والإسناد كالمتن؟ ظلمات بعضها فوق بعض).

(277) ابن حجر، فتح الباري، (7/ 104)، وعلق عليه الحبيب محمد بن عقيل بقوله في «**تقوية الإيمان**» (ص88): (قوله: «**ليس فيها ما يصح من طريق الإسناد**» إشارة إلى أنه قد يكون الإسناد صحيحا ولا يثبت المتن لعلة فيه، فليس كل ما صح من طريق الإسناد يكون ثابتا يحتج به مطلقا، فالسند كالشمس وضوحا لا يفيد صحة المتن المنكر).

(278) السيوطي، اللآلي المصنوعة في الأحاديث الموضوعة، (1/ 388).

(279) العيني، عمدة القاري، (16/ 249).

(280) علي القاري، الأسرار المرفوعة في الأخبار الموضوعة، (ص477).

يصح في فضائل معاوية حديث)[281].

وروى محمد بن إسحاق الأصبهاني بسنده عن مشايخه أن الإمام النسائي رحمه الله خرج إلى دمشق فسئل عن معاوية ما يروى من فضائله، فقال: أما يرضى معاوية أن يخرج رأسا برأس حتى يفضل، وفي رواية: ما أعرف له فضيلة إلا «**لَا أَشْبَعَ اللهُ بَطْنَهُ**»[282].

أما حديث: «اللهم اجعله هاديا مهديا».. فراويه سعيد بن عبد العزيز اختلط آخر عمره[283] ولم يثبت عمن رواه عنه تحمّلُه لحديثه قبل الاختلاط.

قال الحبيب محمد بن عقيل بن يحيى: (وعلى التنزل وفرض رفعِه[284] وصحتِه فمحصل مفاده أن النبي دعا له أن يكون هاديا مهديا، ونحن نقول أن دعاء النبي صلى الله عليه وآله وسلم مستجاب عند الله، أللهم إلا ما صرّح، أو أشار هو صلى الله عليه وآله وسلم بعدم استجابته كاستغفاره للمنافقين وغيره، وهذا الدعاء من هذا القبيل؛ إذ لم يظهر من أفعال معاوية إلا ما يدل على أنه ضال مضل وليس هاديا مهديا؛ كما تشهد به سيرته وأعماله الفظيعة الواصلة إلينا بالتواتر.

وهاهنا دلالة على عدم استجابة الله هذه الدعوة لمعاوية لو فرضنا صحة الحديث من حديث صحيح أخرجه مسلم عن سعد قال: قال رسول الله صلى الله عليه وآله وسلم: «**سألتُ ربي ثلاثا فأعطاني اثنتين ومنعني واحدة، سألت ربي**

(281) الشوكاني، الفوائد المجموعة، ص423، تحقيق محمد عبد الرحمن عوض، ولا يرد ما ذكر بعده من حديث ابن عميرة.. فنحن لا نحتج بما يراه الشوكاني، بل بما نقله عن الحفاظ، والتنظير لا يرد المنقول.

(282) تاريخ ابن كثير، (11/ 124).

(283) سبط ابن العجمي، الاغتباط بمن رمي من الرواة بالاختلاط، (ص136).

(284) وإنما قال: «وفرض رفعه » لأنّ الحافظ ابن عبد البر لا يرى ثبوت صحبة ابن أبي عميرة فيكون الحديث مرسلا، ينظر «تهذيب التهذيب » (6/ 243-244).

أن لا يهلك أمتي بالسنة فاعطانيها، وسألته أن لا يهلك أمتي بالغرق فأعطانيها، وسألته أن لا يجعل بأسهم بينهم فمنعنيها».

تعرف بهذا الحديث وغيره شدة حرصه صلى الله عليه وآله وسلم على أن يكون السلم دائما بين أمته، فدعا الله تارة أن لا يكون بأس أمته بينهم؛ كما في حديث مسلم، وتارة أن يجعل معاوية هاديا مهديا؛ لأنه بلا ريب يعلم أن معاوية أكبر من يبغي ويجعل بأس الأمة بينها، فمآل الدعوتين واحد، وعدم الإجابة في حديث مسلم تستلزم عدمها في حديث الترمذي، والمناسبة بل التلازم بينهما واضح بيّن، وفي معنى حديث مسلم هذا جاءت أحاديث كثيرة ومرجعها واحد.

ومما ورد فيه من ضعاف الأحاديث ما أخرجه ابن أبي شيبة عن معاوية أنه قال: «**ما زلت أطمع في الخلافة منذ قال لي رسول الله صلى الله عليه [وآله] وسلم: إِذَا مَلَكْتَ فَأَحْسِنْ**»، وقد عرفت ضعف هذا الحديث، وعلى فرض صحته.. فلا منقبة فيه لمعاوية؛ لأن الله سبحانه وتعالى قد أطلع نبيه على ما سيجري بين أمته من الفتن والحروب وقد أخبر عنها بما أخبر وأشار إلى ما أشار، وفي هذا الحديث إشارةٌ إلى أنّ معاوية سيملك، وقد صرَّح في أحاديث صحيحة بأن ملكه ملك عضوض، وقد أَمَرَهُ بالإحسان إذا ملك حيث لا سامع ولا مؤتمر، وليس ذلك من قبيل البشارة والغبطة بملكه بل من باب الأخبار بالمغيبات والإنذار بالفتنة وإقامة الحجة عليه بتبليغه.

وهذا الإخبار لا يستلزم حقية؛ فإنَّ النبي صلى الله عليه وآله وسلم قد أخبر عن أمور كثيرة من هذا القبيل؛ كفتن الخوارج، وأن بني مروان ينزون على منبره كما تنزو القردة، وقد أخبر موسى عليه السلام بما يملك بختنصر الجبار الكافر وما سيرتكبه من بني إسرائيل، فيكون الإخبار بهذه الأمور دليل على حقيتها؟! لا يقول بهذا أحد، ولكن أنصار معاوية يتشبثون في

تزكيته بمثل خيوط العناكب ضعفاً ويلوون رؤوسهم عما ثبت فيه من المثالب، ألا تراهم كيف يتبجحون بما جاء عن ابن عباس رضي الله عنهما أن عكرمة أخبره أن معاوية يوتر بركعة، فقال ابن عباس: «دعه فإنه فقيه»، قال: إن الفقيه في عرف ذلك الزمن هو المجتهد، وشهادة ابن عباس قطعية، وأطالوا في ذلك بما يضجر المطالع ويفسد ذهن السامع(285)، قبلوا شهادة ابن عباس لمعاوية - ونعم الشاهد - ولم يقبلوا شهادة مولى كل مؤمن ومؤمنة علي بن أبي طالب كرم الله وجهه حيث يقول لمعاوية كما في «**نهج البلاغة**»: «**دَخَلْتَ فِي الإِسْلَامِ كَرهًا وَخَرَجْتَ مِنْهُ طَوعًا**»، وأسقطوا شهادته عليه السلام فيما نقله الثقات عنه أنه قال: «**إِنَّ مُعَاوِيَةَ وَعَمْرواً وَابْنَ أَبِي مُعيطٍ وَحَبِيباً وَابنَ أَبِي سَرْحٍ لَيسُوا بِأَصْحَابِ دِينٍ وَلَا قُرْآنٍ، أَنَا أَعْرَفُ بِهِمْ مِنْكُمْ، قَدْ صَحَبْتُهُمْ أَطْفَالاً ثُمَّ رِجَالًا فَكَانُوا شَرَّ أَطْفَالٍ وَشَرَّ رِجَالٍ**»، ونبذوا أيضاً شهادة قيس بن سعد بن عبادة الأنصاري في كتابه إلى معاوية يقول فيه: «**إِنَّا أَنْصَارُ الدِّينِ الذِي خَرَجْتَ مِنْهُ، وَأَعْدَاءُ الدِّينِ الذِي دَخَلْتَ فِيهِ**»، وأمثال هذه الشهادات على معاوية من كبار الصحابة كثيرة جداً لا يمكن حصرها.

بماذا شهد ابن عباس لمعاوية؟! قال: «**إِنَّهُ فَقِيهٌ حَيثُ أَوتَرَ بِرَكْعَةٍ**»، إن الفقيه بهذه المسألة التي خالف بها عمل النبي وأصحابه يكاد أن يكون من قبيل الحيل في دين الله، ويوضحه قوله: «**دَعْهُ**»، فلو كان ذلك محمودًا.. لَأَمَرَهُ بالاقتداء به)(286).

فإن قلت: يعمل بالأحاديث الضعيفة في المناقب.. **قلتُ**: نعم، إذا لم تعارض بأقوى منها، وهو حاصل هنا، قال الحبيب محمد بن عقيل: (يجوز ذكر الأحاديث الضعيفة أي غير الموضوعة والشديدة الضعف الواردة في فضائل الأعمال

(285) رواه الطحاوي في «**شرح معاني الآثار**»، والعيني في «**نخب الأفكار**» بلفظ: «فقام معاوية فركع ركعة واحدة، فقال ابن عباس: **من أين ترى أخذها الحمار؟**»، وإسنادهما صحيحان.
(286) محمد بن عقيل بن يحيى، النصائح الكافية لمن يتولى معاوية، (ص257-260).

للترغيب فيها، وذكرها أيضا في نحو مناقب الرجال إذا لم تكن معارضة بأقوى منها)(287).

أما حديث: «اللهم علمه الكتاب والحساب وقه العذاب ومكن له في البلاد».. فهو موضوع أيضا، ففي إسناده معاوية ابن صالح وقد ذكر الحافظ ابن حجر في التهذيب أقوال من جرحه(288)، وفي سنده أيضا الحارث ابن زياد وهو شامي، ولم يرو عنه إلا يونس بن سيف الكلاعي فهو مجهول(289)، وحكم الذهبي على متن هذا الحديث من بعض طرقه في «الميزان» بأنه: (منكر بمرّة)(290).

ومن طريق أخرى ذكرها الذهبي في «الميزان»(291) من طريق إسحاق بن كعب، حدثنا عثمان بن عبد الرحمن عن عطاء عن ابن عباس به، وعثمان بن عبد الرحمن هو الوقاصي كما قال الذهبي هناك في ترجمة الجمحي، وهو متروك كما قال البخاري في «تاريخه»(292) وكذبه ابن معين(293).

وبذلك يتم بيان ما ذكر من الموضوعات مما يُتوهم أنها من فضائله، وللتوسع في ذلك يمكن الرجوع إلى كتاب «زهر الريحان في الرد على تحقيق البيان» للسيد المحدث حسن بن علي السقاف.

* * *

---

(287) محمد بن عقيل بن يحيى، أصل تقوية الإيمان، (ق/ 36)، ينظر الأحاديث المعارضة لها في أصل تقوية الإيمان (ص55-58).
(288) ابن حجر العسقلاني، تهذيب التهذيب، (10/ 189).
(289) صرح به الحافظ في «تهذيب التهذيب» ونقله عن الذهبي (2/ 123)، وابن أبي حاتم ناقلا عن أبيه في «الجرح والتعديل» (3/ 75).
(290) الذهبي، ميزان الاعتدال، (1/ 388).
(291) المصدر السابق، (3/ 47).
(292) البخاري، تاريخه، (6/ 238).
(293) الذهبي، ميزان الاعتدال، (3/ 43).

المطلب الخامس/ مناقشة موقف الحبيب علوي بن عبد الله بن شهاب

جاء في مجموع كلامه[294] قوله رضي الله عنه:

(كيف ما بنترضى عليه وهو جلس بين يدي محمد بن عبد الله، وصلى خلف محمد، وما جرى بينه وبين أبونا علي.. ما سيب نحن فيه، قال صاحب الزبد:

وما جرى بين الصحاب نسكت عنه وأجر الاجتهاد نثبت

المصيب له أجران والمخطئ له أجر، تلك أمة قد خلت لها ما كسبت وعليها ما اكتسبت، وكان عمل أهلنا وأسلافنا لا يتكلمون على أصحاب رسول الله، نتكلم على جحاجحة، لكن هذا من الشقاء والحرمان الذي عليهم، قالوا: والذي يتكلم على الصحابة يموت غريب، والله يحفظ ما يموت على سوء الخاتمة.

ثم قال سيدي علوي في الروحة بعد أن ذم من يسب الصحابة قال: إن فلانا وفلانا من رجال جاوة – وسماهم سيدي – يا خير ناس لكن فيهم سب معاوية، فعاقبهم الله بآل الإرشاد، تحزبوا عليهم وآذوهم أذية كبيرة كما تسمعون).

أقول: استدلال الذابين بهذا النص مردود، فقد ذكر الحبيب عبد القادر خرد أن جماعة من العلويين من أهل العلم قصدوا الحبيب علوي في بيته بعد ما ذكر كلامه السابق عن معاوية، فصرح لهم الحبيب علوي بأنه ذكر ما قال لكونه مناسبا لحال السائل والحضور الذين لا يناسبهم ذكر رأي العلويين في هذه المسألة، ثم بيّن لهم في ذلك المجلس الخاص حقيقة موقف العلويين من معاوية؛ وكان مخالفا لما ذكره لهم في ذلك المجلس العام السابق.

كما يرد الاستدلال بما سبق بكونه في مجلس عام لا خاص، ولا يخفى أن نزاعنا إنما هو في موقفهم في مجالسهم الخاصة لا العامة، فإنما كان مقررا لمذهب أهل

---

(294) الذي جمعه عبد الله بن عمر بلفقيه، (ص427).

السنة لا لرأيه.

ولو سلّم بأنه قال لهم ما يبطنه.. فذلك لا يبطل قول من خالفه من أئمة العلويين، وقد خالف الحبيبُ علوي بن شهاب عددا من شيوخه(295) وأقرانه وتلامذته، **فغاية الأمر أنْ يكون للمتأخرين قولان في الموقف من الترضي على معاوية من غير تسفيه القول المقابل.**

أما ما رمي به بعض العلويين من أهل جاوة من سبهم لمعاوية.. فهذا أمر يختص بمن وقع منه ذلك، ولا يجوز للذابين عن معاوية تعميم ما قاله الحبيب علوي بن عبد الله على أمثال العلامة الحبيب أبي بكر ابن شهاب، لا سيما وقد صرح بتحريم ذلك؛ كما تقدم.

ومما يستبعد إرادته له أنّ الحبيب علوي ابن شهاب كان يعظم الحبيب أبي بكر ابن شهاب، جاء في مجموع كلامه: (ثم ذكر **سيدي الحبيب** أبو بكر بن عبد الرحمن ابن شهاب فقال: قال الحبيب أحمد بن طالب العطاس صاحب جاوه: ماحد مثل بو بكر ابن شهاب في العلم حتى في شيابتنا المتقدمين ما رأينا أحد مثله، **ويقول عمي** بو بكر ابن شهاب: أنا با أتكلم على ثلاثين علم من غير واسطة كتاب)(296)، ويقول في موضع بعد أن ذكر عدد من التقريظات على رسالة للحبيب عثمان بن يحيى: (وقرظه **عمي** محمد بن عقيل)، فهل يجل شيعة معاوية هذين الحبيبين كما كان يجلهما الحبيب علوي رضي الله عنه؟

* * *

---

(295) كالحبيب علي بن محمد الحبشي، والحبيب أحمد بن حسن العطاس، ذكرهما من شيوخه الحبيب عمر بن علوي الكاف في كتابه «**تحفة الأحباب**».
(296) مجموع كلامه بجمع بلفقيه (ص630).

المبحث الخامس
ذكر نماذج من مخالفة السادة آل باعلوي لأهل السنة في موقفهم من معاوية

وفيه اثنان وعشرون مطلبا

كل مطلب شامل لمخالفات أحد من السادة آل باعلوي لمنهج أهل السنة

المبحث الخامس/ ذكر نماذج من مخالفة السادة آل باعلوي لأهل السنة والجماعة في موقفهم من معاوية

إذا قرأ الباحث المنصف تراث السادة آل باعلوي.. سيجد فيه نصوصا بعدم حب معاوية، أو بغضه، أو تنقيصه، أو التحامل عليه، أو لعنه، أو سبه، وكلّ ذلك حرام غير جائز عند أهل السنة، وسأذكر في هذا المبحث نماذجَ لعدد من العلويين ممن صدر منهم شيء من ذلك؛ تأييدا لما قررته في المبحث الأول من أنّ موقف السادة آل باعلوي مغايرٌ لمذهب أهل السنة في هذه المسألة، وذلك كله تصديق لما قاله الحبيب محمد بن عقيل بن يحيى:

(فليس بيني وبينهم خلاف في العقيدة ولا افتراق في الطريقة، وإنما أسروا وأعلنتُ، وأجملوا وبيّنتُ، وأشاروا وأوضحوا وعرضوا وصرّحتُ)[297]، ولقوله رضي الله عنه: **(ثم إنا إذا وجدنا فيهم من سكت عن معاوية وفضائحه.. فلا نجد من علمائهم وكبارهم من يطريه ويمدحه ويسيده ويترضى عنه ويتمحل لتبريره ويؤول خطاياه كما يفعل أكثر الأشاعرة والماتريدية)**[298].

وتقدم ذكر بعض من خالف أهل السنة في موقفهم من معاوية؛ كالحبيب أحمد بن حسن العطاس والحبيب حسن بن علوي ابن شهاب، وبقي عدد ممن لم أذكرهم، فسأعدهم أولا ثم أبين وجه مخالفة كل منهم لمذهب أهل السنة في هذه المسألة بالتفصيل.

- الإمام العلامة زين العابدين العيدروس [ت: 1041هـ].
- الحبيب العلامة علي بن حسن العطاس [ت: 1172هـ].
- الحبيب العلامة علوي بن أحمد بن حسن الحداد [ت:1232هـ].

---

(297) محمد بن عقيل بن يحيى، النصائح الكافية لمن يتولى معاوية، (ص311).
(298) المصدر السابق، (ص312).

- الحبيب العلامة علي بن محمد الحبشي [ت: 1333هـ]
- الحبيب العلامة المتفنن أبو بكر بن عبد الرحمن بن شهاب [ت:1341 هـ].
- الحبيب العلامة محمد بن أحمد المحضار [ت:1344هـ].
- الحبيب العلامة عقيل بن عثمان بن عبد الله ين يحيى [ت: 1344-1346هـ].
- الحبيب العلامة علي بن عبد الرحمن بن سهل [ت:1349هـ].
- الحبيب العلامة محمد بن عقيل بن يحيى [1350 هـ].
- الحبيب العلامة محمد بن علي الحبيد بن الشيخ أبي بكر بن سالم [ت: 1356هـ].
- الحبيب العلامة أحمد بن عبد الرحمن السقاف [ت: 1357هـ].
- الحبيب العلامة مصطفى بن أحمد المحضار [ت: 1374هـ].
- الحبيب العلامة عبد الرحمن بن عبيد الله السقاف [ت:1375هـ].
- الحبيب العلامة علوي بن طاهر الحداد [ت: 1382 هـ].
- الحبيب العلامة صالح بن علي الحامد [ت: 1387هـ].
- الحبيب المحدث سالم بن أحمد بن جندان [ت:1389هـ].
- الحبيب العلامة علوي بن عبد الله بن حسين السقاف [ت: 1392هـ].
- الحبيب العلامة إبراهيم بن عمر بن عقيل بن يحيى [ت:1409هـ].
- الحبيب العلامة المحدث علي بن محمد بن يحيى [ت: 1409هـ].
- الحبيب العلامة عبد الله بن أحمد بن عمر بن يحيى [ت:1415].
- الحبيب الأديب محمد بن سالم بن علوي خرد [ت:1419هـ].
- الحبيب العلامة محمد بن أحمد الشاطري [ت:1422هـ].

المطلب الأول

الإمام زين العابدين العيدروس [ت: 1041هـ]

قال الإمام زين العابدين العيدروس رضي الله عنه في مكاتبة إلى بعض الزيدية: (ألا تراه سل سيف الانتصار وعلا بسيفه ذي الفقار مفارق الفسقة الباغية لما⁽²⁹⁹⁾ تعين عليه في زمن معاوية)⁽³⁰⁰⁾.

وفي هذا طعن صريح في معاوية حين حكم بفسقه، وذلك مخالف لمنهج أهل السنة الذي يثبتون له أجر الاجتهاد، فمعاوية لم يفسق بخروجه على سيدنا علي عند أهل السنة، بل كان مثابا على ذلك؛ لذا قد حرّف بعضهم كلامه إلى: «مفارق الفئة الباغية»؛ لينفوا عن معاوية الفسق وليستقيم كلام الإمام زين العابدين مع مذهب أهل السنة.

وموقف الإمام زين العابدين من معاوية وتحامله عليه مشهور، فقد نقله أيضا الحبيب محمد الشاطري بقوله: (بعض أسلافنا عندهم تحامل على معاوية؛ كالإمام علي بن حسن العطاس، والإمام زين العابدين العيدروس وغيرهما)⁽³⁰¹⁾.

* * *

---

(299) في المشرع «ما» والصواب ما أثبته.
(300) الشلي، المشرع الروي، (2/ 226).
(301) محمد الشاطري، الياقوت النفيس، (ص777).

المطلب الثاني

الحبيب العلامة علي بن حسن العطاس [ت: 1172هـ]

قال الحبيب علي بن حسن العطاس:

(ومن المشهور الذي لا خلاف فيه بين الجمهور أن في جهات حضرموت أربع فضائل كبار لا توجد في غيرها من الجهات والأقطار.

الأولى: كثرة من فيها من الحسينيينَ السالمينَ من الزيغِ والبدعِ والأهواءِ والجَهالةِ والضلالةِ الحائزينَ مع شرف القرابة **محبةَ السَّواد الأعظم من الصّحابة**)[302].

فقوله: «**الحائزين من شرف القرابة محبة السواد الأعظم من الصحابة**» وصفٌ للسادة الحسينيين في حضرموت - السادة آل باعلوي وغيرهم - بأنهم لا يحبون كل الصحابة، وإنما يحبون معظمهم ومجموعهم؛ أي: لا كل فرد منهم، فلا يمكن أن يقال بأن ترك محبة جميع الصحابة رأيٌ له؛ لأنه وصف بذلك السادة آل باعلوي وغيرهم من الحسينين الذين سكنوا حضرموت، ومذهب أهل السنة وجوب محبة جميع الصحابة تفصيلا كما سبق[303]، فمن لم يحب واحدا منهم.. فقد خالفهم.

أما تفسير قوله: «**السواد الأعظم من الصحابة**» بالجميع.. فلعبٌ؛ إذ اللفظ لا يحتمله حتى يحمل عليه، لا سيما وكان حامل اللاعب به تارة نصوص عامة للحبيب علي بن حسن في ذم بدعة الرفض[304]، فقد ذمهم الحبيب محمد بن عقيل كذلك، وتارة يستدل بنصوص لإحسان الظن بما جرى بين الصحابة[305]، وتارة بترضيه عن جميع الصحابة[306]، وكل ذلك لغط؛ إذ لا

---

(302) علي بن حسن العطاس، القرطاس، (1/ 108).

(303) (ص50).

(304) القرطاس، (1/ 102).

(305) المصدر السابق، (1/ 196).

(306) المصدر السابق، (1/ 28).

لازم بين الترضي وحسن الظنّ وبين المحبة؛ كما تقدم بيانه[307]، وتارة بترضيه على معاوية انفرادا، هذا من زيادات النساخ، ولا حجة فيه كما سبق تفصيله، كما أن لا وجود للترضي في الطبعة التي حققها حفيده السيد أحمد بن عمر بن طالب العطاس التي قابلها على أربع نسخ مخطوطة[308].

وقال الحبيب علي بن حسن العطاس رضي الله عنه:

(ومعنى قوله: «**طلب الجاه داء لا دواء له**» يعني: مُذهبٌ لِلدِّين مُشعلا لنيران الحسد في قلوب الراغبين فيه، ولا سيما إذا عُرف صاحبه واعتقدته البادية وأشباه البادية، وقصد بذلك اكتساب الدنيا من غير استيقان منه بثواب ولا عقاب في الأخرى، فإنه يصير مدعيا لنفسه الكمال، نافيا لوجود غيره من جميع الرجال، بل لو كان في زمن الرسول صلى الله عليه وآله وسلم.. كان منافقا، **ولو كان في زمن علي بن أبي طالب.. كان معاوية**، ولو كان في زمن الحسين بن علي.. لنزل منزلة يزيد)[309].

فانظر كيف وصف معاوية بأنه كان قاصدا اكتساب الدنيا من غير استيقان منه بثواب ولا عقاب في الأخرى، ثم قرن بين معاوية وبين يزيد والمنافقين في زمن الرسول صلى الله عليه وآله وسلم وجعلهم كلهم سواء، وهذا طعن صريح في دين معاوية غير جائز عند أهل السنة.

وقال الحبيب علي بن حسن رضي الله عنه في ديوانه:

وَمَنْ كَانَ يَحْكِي عَنْ مُعَاوِ[310] إِصَابَةً
بِحَرْبِ أَبِي السِّبْطَيْنِ فَهْوَ الْمُحَارِبُ

---

(307) (ص63).

(308) ينظر مقدمته لتحقيق القرطاس (1/ 4).

(309) علي بن حسن العطاس، القرطاس، (1/ 244).

(310) معاو أصله معاوية، حذف آخره للترخيم.

وَلَــوْ كَــانَ فِي صِــفِّينَ قَــامَ بِصَــفِّهِ
جِهَــارًا وَقَــدْ حَالَــتْ عَلَيــهِ الكَتَايِــبُ
فَــوَاللهِ لَــو عَايَنْــتُ تِلْــكَ لَكُنْــتُ مِــنْ
جُنُــودِ أَمِــيرِ المُــؤْمِنِينَ أُضَــارِبُ
أُوَالِي وَلِيَّ اللهِ نَــــاصِرَ دِينِــــهِ
وَمَــنْ نَــزَلَ القُــرْآنُ فِيــهِ يُخَاطِــبُ
فَوَيلُ[311] ابْنِ هِنْدٍ مِنْ عَــدَاوَةِ مُهْتَــدٍ
يُنَازِعُــــهُ فِي حَقِّــــهِ وَيُطَالِــــبُ
فَلِلَّــهِ مَــا أَجْــرَاهُ فِــيمَا أَتَــى بِــهِ
عَلَى حَــبْرِ عِلْــمٍ قَدَّمَتْــهُ الأَطَايِــبُ[312]

قال الحبيب محمد بن عقيل: (ومولانا السيد علي المذكور ممن رد زعم الزاعمين أن السلامة في السكوت، وصرح بأنّ إنكار المنكر من أهم الواجبات، كيف لا والحب في الله والبغض فيه من أقوى عرى الإيمان)[313].

* قوله رضي الله عنه: «**فوالله لو عاينت... الخ**» علق عليه الباحث مراد باخريصة بقوله: (وبدلا من أن ينأى بنفسه عن هذه الفتنة ويحمد الله أن جنبه منها ويجنب لسانه وقلمه الوقوع فيها إذا به على العكس من ذلك يتمنى عكس ما تمناه سلف الأمة الأبرار الذين قالوا: فتنة سلم الله منها سيوفنا فلا تخوض فيها ألسنتنا، وإذا بالعطاس يتمنى أن لو كان موجودا ليشارك بسيفه فيها)[314].

* قوله رضي الله عنه: «**فويل**» دعاء منه رضي الله عنه على معاوية ليصلى

---

(311) هكذا في المخطوط، وفي المطبوع ويح وهو تحريف.
(312) علي بن حسن العطاس، قلائد الحسان وفرائد اللسان، (1/ 54).
(313) محمد بن عقيل بن يحيى، تقوية الإيمان، (ص107).
(314) مراد باخريصة، موقف علماء حضرموت من الشيعة، (ص79).

ويلا، أو إخبار بأنّ معاوية من أهله ووقع في هلاك، فتحرّف في الديوان المحقق قوله «فويل» إلى «فويح» ولعله للتخفيف من شدة عبارته التي لا محمل لها؛ قال ابن منظور: (فإن وقع في هلكة ولم يستحقها.. قلت: ويح زيد، يكون فيه معنى الترحم، ومنه قول سيدنا رسول الله صلى الله عليه وآله وسلم: «ويح ابن سمية تقتله الفئة الباغية»)(315)، فشتان بين «ويل» و«ويح»، فالحبيب عليّ إنما أراد أن يذم معاوية، فحُرِّف كلامه إلى ما لا ذم فيه.

وفي قوله رضي الله عنه: «ويل» إشارةٌ إلى قوله بانتفاء الاجتهاد لمعاوية في صفّين؛ إذ لو كان مجتهدا.. لترتب على ذلك الأجرلا الويل، فيكون مخصصًا للعموم المذكور في «القرطاس»(316).

* قوله رضي الله عنه: «ينازعه في حقه ويطالب» تصريح بأنّ معاوية إنما قاتل الإمام عليا عليه السلام للملك، لا طالبا لدم عثمان رضي الله عنه كما يقوله أهل السنة، مع أنّ ولي الدم ليس معاوية؛ إذ كان لورثة سيدنا عثمان، قال الشيخ الحساوي: (والذي له القود هو ابنه؛ وكان مع سيدنا علي... **والولد أحق بطلب الثأر ممن يزعمه**)(317).

فلم يلتزم الحبيب علي بن حسن العطاس في هذه الأبيات بمذهب أهل السنة في تخطئة معاوية فقط، بل جاوز الحد حتى ذكر كلاما لا يليق بمقام الصحابة؛ كما فعل فيما سبق.

* * *

---

(315) ابن منظور، لسان العرب، (11/ 738).

(316) علي بن حسن العطاس، القرطاس، (1/ 196)، ثم ما نقله من ذلك لم يكن كلامه بل كان ناقلا عن الإمام النووي، ولا شك أنّ ما نقله عن الإمام النووي ليس بقوله إذا ذكر رأيا لنفسه مخالفا لذلك، وقد وقع من بعض المعاصرين – هداهم الله – الاستدلال بهذا النص دون الإشارة إلى أنه من قول الإمام النووي؛ لتأييد قوله، ولو قلنا تنزلا أنه ليس من كلام الإمام النووي.. فيكون ما ذكره عن معاوية مخصصا من هذا العموم؛ كما ذكرتُ.

(317) أحمد الشجار، تعليقاته على تثبيت الفؤاد، (3/ 1534)، (3/ 1557).

المبحث الخامس/ ذكر نماذج من مخالفة السادة آل باعلوي لأهل السنة والجماعة في موقفهم من معاوية - 161 -

ومن تنقيصه ومخالفته رضي الله عنه لأهل السنة في موقفهم من معاوية ما قاله في رده على الرياشي:

ولم تنكر من المنكور نكرا　　بيدك واللسان ولا الطوية
ولا تبغضهم في الله حقا　　كما بغض النبي للشرفية
وقد مات النبي على قلاهم　　هم وثقيف ثم حنفية
وَقَدْ بَغَضُوا عَلِيًّا خَيرَ حَبرٍ　　وَقَدْ ظَلَمُوهُ ظُلْمَ الجَاهِلِيَّهْ
وَآيَاتُ النِّفَاقِ تَلُوحُ فِيهِمْ　　بِبُغْضِ المُرْتَضَى خَيرِ البَرِيَّهْ
فَمَالَكَ لَا تَبُوحُ بِبُغْضِ قَومٍ　　رَضَوا بِالعَارِ فِي حُبِّ الدَّنِيَّهْ
وَشَقُّوا بِالإِمَامِ وَنَازَعُوهُ　　وَلَيسُوا لِلْمَقَامِ بِآهَلِيَّهْ
أَلَيسَ الحُبُّ وَالبَغْضَا جَمِيعًا　　لِوَجْهِ الله مِنْ أَهْلِ التَقِيَّهْ
فَلَو كُنَّا حُضُورًا حِينَ ظَلُّوا　　ضَرَبْنَا رُؤُوسَهُمْ بِالمَشْرَفِيَّهْ
مَعَ الجَيشِ الذِي فَتَحَ الصَّيَاصِي　　وَزَلْزَلَ بِالحُصُونِ الخَيبَرِيَّهْ
وَكَانَ بِهِ الإِمَامُ مَعَ بَنِيهِ　　حَسَنٍ وَحُسَينٍ وَابْنِ الحَنَفِيَّهْ
وَعَبدِ الله بْنِ عَبَّاسٍ فِيهِمْ　　خَزَانَةِ عِلْمِ الأَسْرَارِ الخَفِيَّهْ
وَعَمَّارِ بْنِ يَاسِرٍ وَأَهْلِ بَدْرٍ　　وَقَدْ قَامُوا مَعَ الهَادِي بِنِيَّهْ(318)

أنكر رضي الله عنه على الرياشي الذي امتنع من ذم بني أمية، فذمّه لسكوته ولعدم الجهر بالإنكار عليهم وعلى ما فعلوا من الموبقات، ثم عقّبه ببغضه لهم.

ثم أخبر بأنهم أبغضوا الإمام عليًّا عليه السلام وظلموه، ثم بأن آيات النفاق

(318) علي بن حسن العطاس، القرطاس، (2/ 345).

ظهرت في حق هؤلاء، وتعجّب ممن لا يصرح ببغض هؤلاء.

* قوله رضي الله عنه: «**وشقوا الإمام ونازعوه**» دليل على أنّه لا يقصد إلا أقواما عاصروا الإمام عليه السلام، فبه اندفع قول من زعم أنه لم يكن يقصد أحدا من الصحابة، فهو صريح في أنّ المقصود معاوية.

* قوله رضي الله عنه: «**وليسوا بالمقام بآهلية**» بيان بأنّ الذين قصدهم الحبيب علي بن حسن هم الذين نازعوا الإمام عليًّا في مقام ليسوا أهلا له، وهو الخلافة؛ كما لا يخفى.

ثم ذكر الحبيب علي بن حسن الذين قاتلوا مع الإمام عليّ عليه السلام في صفّه، وذكر منهم عمار بن ياسر رضي الله عنه، وذلك صريح في أنّ الحبيب علي بن حسن قصد بقوله: «**وقد بغضوا...**»، وبقوله: «**وآيات النفاق تلوح...**»، وبقوله: «**فما لك لا تبوح ببغض...**» من حضر في صفين من بني أمية؛ أي: معاوية، فإن عمار بن ياسر لم يحضر مع عليّ عليه السلام قتال أهل نهروان؛ لاستشهاده في صِفّين، فلا يمكن حمل ما قاله على الخوارج لذلك، كما لا يمكن حمله على أهل الجمل لنصوص صريحة في تعظيمه لهم، فتعين حمله على أهل صفين.

فالأبيات السابقة صريحة في أنّ معاوية كان يبغض الإمام عليا عليه السلام، وأنه ظلمه وظهر فيه آيات النفاق، بل استغرب ممن لا يصرح ببغض معاوية، ولا يخفى ما في ذلك من المخالفة الصريحة لمذهب أهل السنة.

ثم قال رضي الله عنه:

وَهَـــلْ يَمْتَـــارُ فِيــهِ وَيَنْتَقِصْـــهُ — وَيُبْغِضُــهُ سِــوَى القَــومِ الغَوِيَّــهْ
سَــــأَلْتُ اللهَ يَرْزُقُنِــــي ولاه — مــع الحــب المكــين مــع المعيــهْ
كــما قـــال ابـــن عبـــاس بهـــذا — وحســبي بـــالولي ذي الألمعيـــهْ
ووالـيـــت الإلـــه وناصريـــه — وعاديـــتُ المعـــادي بالعديـــهْ

❋ قوله رضي الله عنه: «**سوى القوم الغوية**» طعن صريح في معاوية وأصحابه، فـ «أل» هنا للعهد الذي تقدم بيانه في الأبيات السابقة أن معاوية هو الذي كان يبغض الإمام علي وينتقصه.

❋ قوله رضي الله عنه: «**وعاديتُ المعادي**» إعلان له بعدائه لمعاوية.

ومع صراحة أبيات الحبيب علي بن حسن في الطعن في معاوية ودينه وشدة تحامله عليه إلا أنّ بعض المعاصرين أنكروا ذلك، وما ذلك إلا مكابرة وعنادا، وتحامل الحبيب علي بن حسن على معاوية معروف مشهور لا ينكره به إلا معاند، وممن صرح بذلك الحبيبُ محمد بن أحمد الشاطري حيث قال: (بعض أسلافنا عندهم تحامل على معاوية؛ **كالإمام علي بن حسن العطاس**)[319].

❋ ❋ ❋

(319) محمد الشاطري، الياقوت النفيس، (ص777).

المطلب الثالث

الإمام العلامة علوي بن أحمد بن حسن الحداد [ت: 1232هـ]

قال الحبيب علوي بن أحمد الحداد رضي الله عنه: (وأما ندم الزبير وطلحة وعائشة أم المؤمنين بخروجهم على علي رضي الله عنه كلهم.. فقد صح وثبت من طرق كثيرة، **وأما معاوية وما يتعاطاه على المنابر من لعن علي كرم الله وجهه ورضي عنه فلأجل الملك** [...] أهل الشام مع الخلطة للصحابة والأكابر ينقمون عليه فعله مع علي، وكان لخروجهم عليه سبباً لهم ولآبائهم فينقمون عليه أو يساعدون من خرج عليه.

فلهذا قال الإمام الفضيل بن عياض: إن معاوية عالم جليل **أسكرته الدنيا**، ونقل السيوطي في تاريخه عن تلميذ الشافعي الربيع أن الإمام الشافعي أسر له كلاماً في معاوية وعمرو ابن العاص والمغيرة وابن زياد انظره فيه)(320).

وذلك قول الإمام الشافعي: (أربعة من الصحابة لا تقبل لهم شهادة: **معاوية**، وعمرو بن العاص، والمغيرة، وزياد)(321).

وفي إحالته ذلك لا سيما في هذا المقام تصريح بتأييده لما روي عن الإمام الشافعي؛ سواء أقلنا بثبوته أم لا، وهذا طعن صريح في معاوية.

كما تقدم عنه إثبات ما ينفيه عنه أهل السنة من لعنه للإمام علي عليه السلام، مع مخالفته لمذهب أهل السنة من تعظيم كل الصحابة وعدم ذكرهم إلا بخير.

---

(320) علوي بن أحمد بن حسن الحداد، أحسن القول والخطاب في بيان أفضلية الأصحاب أنها ظنية على الصواب، (ق/ 30).

(321) ابن الشحنة، روض الناظر في علم الأوائل والأواخر، (ص119)، المختصر في تاريخ البشر لأبي الفداء (1/ 259).

المطلب الرابع

الحبيب العلامة علي بن محمد الحبشي [ت: 1333هـ]

قال الحبيب محمد بن عقيل بن يحيى: (أخبرني شيخي السيد أبو بكر بن شهاب في مدراس[322] 3/ شوال/ 1326 بأنه يشهد على السيد العلامة علي بن محمد بن حسين الحبشي العلوي أنه **لعن معاوية أمامه مرارا**)[323].

فإن قيل: ما نقله الحبيب محمد بن عقيل غير مقبول؛ لأنه مبتدع روى ما يقوي بدعته.

قلتُ: هذا مردود من أوجه، منها:

الوجه الأول: قد اختلف المحدثون في حكم رواية المبتدع الشيعي، وقد حقق الحافظ الذهبي القول فيه، حيث قال:

(البدعة على ضربين:

[1] بدعة صغرى؛ كغلو التشيع، أو كالتشيع بلا غلو ولا تحرف، فهذا كثير في التابعين وتابعيهم مع الدين والورع والصدق، فلو ردّ حديث هؤلاء.. لذهب جملة من الآثار النبوية، وهذه مفسدة بينة.

[2] ثم بدعة كبرى؛ كالرفض الكامل، والغلو فيه، والحط على أبي بكر وعمر رضي الله عنهما، والدعاء إلى ذلك، فهذا النوع لا يحتج به ولا كرامة، وأيضا فما استحضر الآن في هذا الضرب رجلا صادقا ولا مأمونا، بل الكذب شعارهم، والتقية والنفاق دثارهم، فكيف يقبل نقل من هذا حاله! حاشا وكلا.

فالشيعي الغالي في زمان السلف وعرفهم هو من تكلم في عثمان والزبير وطلحة ومعاوية وطائفة ممن حارب عليا رضي الله عنه وتعرض لسبهم، والغالي

---

(322) مدينة في الهند.

(323) محمد بن عقيل بن يحيى، ثمرات المطالعة، (1/ 318).

في زماننا وعرفنا هو الذي يكفر هؤلاء السادة ويتبرأ من الشيخين أيضا، فهذا ضال معثر)(324).

وبيانه: قسم الحافظ الذهبي الشيعة المبتدعة في نظره الذين تكلموا في الصحابة على قسمين:

[1] قسم تقبل مروياتهم، وهو من تكلم في عثمان والزبير وطلحة رضي الله عنهم ومعاوية وطائفة ممن حاربوا عليا، فهؤلاء هم غلاة الشيعة.

[2] وقسم لا تقبل مروياتهم، وهم من كفروا من سبق ذكرهم مع براءتهم من الشيخين رضي الله عنهما، فهؤلاء هم الروافض.

وقد بيّن الحافظ الذهبي أن الشائع في زمننا ليس إطلاقَ الغلو عن القسم الأول وإنما هو من كفر من سبق ذكرهم مع التبريء من الشيخين، ولكن لم يستخدم الحافظ الذهبي ذلك العرف في تقريره لبيان معنى البدعة الصغرى، بل قصد بالغلو فيها مدلول السلف، بدليل جعل البدعة الكبرى في الحط من أبي بكر وعمر رضي الله عنهما.

والحبيب محمد بن عقيل لم يكن من القسم الثاني قطعا، بل كان يترضى عن الشيخين ويحسن الظن بهما، ويحمل ما صدر منهما على أحسن المحامل اللائقة بمقامهما،فبدعته غير قادحة في مروياته، لا سيما وقد انضم إلى ذلك شرفه وعلمه وورعه وصدقه، وسأنقل هنا نزرا مما قيل فيه:

1) قال فيه شيخه العلامة الحبيب أبو بكر بن عبد الرحمن ابن شهاب: (هو من بيت العلم، ومنبع الذكاء، ومغرس الفطانة...)(325)، وقال في تقريظه لـ «النصائح الكافية»: (جامعها فرع الدوحة النبوية، وعرابة راية العصابة العلوية،

(324) الذهبي، ميزان الاعتدال، (1/ 5-6).

(325) محمد أسد شهاب، أبو المرتضى، (ص87-88).

أخونا الماجد الفضيل السيد محمد بن عقيل، أعلى الله كعبه، ونصر حزبه، وأجزل على صنيعه أجره، ورفع بين الصالحين ذكره وقدره...)[326].

2) وقيل عنه كما في «الشجرة العلوية»: (فقيها، نبيها، ذكيا، حافظا للسير ذا صدارة).

3) وقال فيه العلامة الحبيب عبد الرحمن بن عبيد الله السقاف: (العلامة الجليل السيد محمد بن عقيل، كانت له حافظة قوية، وإطلاع تام، وإكباب على المطالعة)[327].

4) وافتتح الحبيب العلامة علوي بن طاهر الحداد ترجمته في «مجلة الرابطة» بقوله: (هو السيد الشريف العلامة الفهامة البارع المتقدم على أقرانه والمشهور بين أهل زمانه).

5) وقال فيه تلميذه السيد العلامة الحبيب أبو بكر بن علي بن أبي بكر ابن شهاب: (والوالد محمد بن عقيل من فضلاء السادة العلويين ومفكريهم...)[328].

6) وقال الحبيب العلامة إبراهيم بن عمر بن عقيل بن يحيى متحدثا عن أول شيوخه:

فمشايخي صيد كرام ما لهم ... من مشبه في حاضر أو بادي
أخذي ولبسي أولا عن سيدي ... عمي شقيق أبي رحيب النادي
المصلح السمح الوصول السائح ... البطل الجسور ومرغم الحساد
الصدر محمود السجايا حافظ ... ومحقق يسمو على النقاد

(326) ينظر النصائح الكافية (ص348).

(327) عبد الرحمن بن عبيد الله السقاف، إدام القوت، (ص836).

(328) أبو بكر بن علي ابن شهاب، رحلة الأسفار، (ص82).

علامـــــة فهامـــــة بحاثـــــة دراكة حتـف عـلى الأضـداد(329)

7) وقال فيه الحبيب عمر بن محمد بن سالم ابن حفيظ: (هو الإمام العلامة الحبيب محمد بن عقيل بن عبد الله بن عمر بن يحيى، عم سيدنا الناظم، ترجم له الزركلي في «الأعلام»، وكتب شيخنا حفظه الله بعد أن طلبت ترجمته ما مثاله:... الإمام النحرير الراسخ في علم الأصلين؛ الكتاب والسنة، الجامع بين علمي الظاهر والباطن... كان عالما وقافا على الحق، مهابا، تطأطأ له العمائم، وكان يسري وقاره في مجلسه حتى إلى الصغار، وكان شديد التعظيم لسلفه العلويين الحسينيين، معظما لجميع أهل البيت الطاهر فروع العترة المحمدية...

وكان مضيافا قواما ظلم الليالي، وكان ورده من القرآن جزأين، وكان يطالع في كتب العلم الدينية في الحديث والرقائق أكثر من مائتي صفحة ليليا، وكان شديد الشغف بكتب الحبيب عبد الرحمن بن عبد الله بلفقيه وديوانِ الإمام عبد الله بن علوي الحداد، وكان يأكل مع أخدامه قلوا أو كثروا...)(330).

8) وقال فيه الحبيب حسين بن محمد الهدار: (العلامة الكبير، والعلم الشهير، محمد بن عقيل بن عبد الله بن عمر بن يحيى...)(331).

9) قال عنه الشيخ محمد رشيد رضا: (وأما أخلاقه.. فصف ما شئت من عزة نفس، وسخاء كف، وشجاعة وإقدام، وعفة وورع، ووفاء ومروءة...)(332).

10) وقال فيه العلامة السيد محمود شكري الألوسي في مكاتبة له: (إلى حضرة نور حدقة عين العترة النبوية، ونور رياض الحديقة الحيدرية، الشريف

---

(329) إبراهيم بن يحيى، مشرع المدد القوي نظم السند العلوي، (ص4).

(330) عمر ابن حفيظ، البهاء اللامع الضوي من شموس النسل النبوي بذكر تراجم رجال مشرع المدد القوي نظم السند العلوي.

(331) حسين الهدار، هداية الأخيار، (ص175) فرع الدراسات والمناهج وخدمة التراث/ رباط الهدار للعلوم الشرعية.

(332) مجلة المنار، المجلد 22 (3/ 238)، وذكر ذلك بعد خلافه معه في مسألة معاوية.

ابن الشريف إلى أن ينتهي إلى سيد الشرفاء، ومن اصطفاه الله على خلقه من أبناء آدم اصطفاء سيدي الجليل ناصر الدين محمد بن عقيل...)(333)، وقال في مكاتبة أخرى: (إلى حضرة ركن الشرف، وعلَم العلم الرفيع الشامخ قطب رحى الإسلام وملاذ العلماء الأعلام السيد الجليل المولى النبيل الأخ في الله السيد محمد بن عقيل...)(334).

11) وقال فيه محب الدين الخطيب في معرض الترحيب به عند قدومه مصر: (العلامة الجليل الأستاذ السيد محمد بن عقيل، كبير علماء حضرموت لهذا العهد)(335)، وقال في مكاتبة إليه: (حضرة مولانا الأستاذ الجليل السيد محمد ابن عقيل حفظه الله... ومحبتكم وحرمتكم هي أرسخ من الجبال في قلوبنا...)(336).

أقول: فهل يتهم أمثال هذا الإمام بالكذب!

الوجه الثاني: الخلاف في قبول رواية المبتدع سواء أكان داع إلى بدعته أم لا، وسواء روى ما يؤيد بدعته(337) أم لا نظريٌّ لا عمليٌّ، فإنَّ العمل على قبوله مطلقا، قال الشيخ المحدث أحمد شاكر رحمه الله بعد ذكره الخلاف النظري في قبول رواية المبتدع:

(وهذه الأقوال كلها نظرية، والعبرة في الرواية بصدق الراوي وأمانته والثقة

---

(333) تاريخ 27/ ذي الحجة/ 1336هـ، المذكرات، (ص101).

(334) تاريخ 22/ رجب/ 1332 هـ، المذكرات، (ص109).

(335) مجلة الزهراء، صفر 1375هـ.

(336) من مكاتبة إليه 26/ ذي القعدة/ 1342هـ.

(337) مع أن الراجح قبول رواية الداعية، ولا أصل للتفرقة بينه وبين غيره، قال الحافظ ابن كثير [الباعث الحثيث، (ص99)]: (قلتُ: وقد قال الشافعي: «أقبل شهادة أهل الأهواء إلا الخطابية من الرافضة؛ لأنهم يرون الشهادة بالزور لموافقيهم »، فلم يفرق الشافعي في هذا النص بين الداعية وغيره، ثم ما الفرق في المعنى بينهما؟ وهذا البخاري قد خرج لعمران بن حطان الخارجي مادح عبد الرحمن بن ملجم قاتل علي، وهذا من أكبر الدعاة إلى البدعة! والله أعلم).

بدينه وخلقه، والمتتبع لأحوال الرواة يرى كثيرا من أهل البدع موضعا للثقة والاطمئنان وإن رووا ما يوافق رأيهم).

ثم نَقَلَ عن الحافظ ابن حجر قوله: (التحقيق أنه لا يرد كل مكفر ببدعته؛ لأن كل طائفة تدعي أن مخالفتها مبتدعة، وقد تبالغ فتكفر، فلو أخذ ذلك على الإطلاق.. لاستلزم تكفير جميع الطوائف، **والمعتمد**: أن الذي ترد روايته من أنكر أمرا متواترا من الشرع معلوما من الدين بالضرورة أو اعتقد عكسه، وأما من لم يكن كذلك وانضم إلى ذلك ضبطه لما يرويه مع ورعه وتقواه.. فلا مانع من قبوله)، وعلق عليه الشيخ أحمد شاكر بقوله: (وهذا الذي قاله الحافظ هو الحق الجدير بالاعتبار، ويؤيده النظر الصحيح. اهـ)[338].

وهذا المذهب رجحه الحافظ ابن الوزير ومثّل بوجود مبتدعة من الرواة في الصحيح ونقل إجماع الصحابة على ذلك[339]، وأقره الأمير الصنعاني[340].

قال الشيخ نور الدين عتر:

(فآل التحقيق إلى أن المبتدع الذي عُرف بالصدق حقا والضبط والتحري قُبلت روايته، لكن هذا يخفى في كثير من الأحيان، فأُقيم الدليل عليه مقامه؛ وهو: عدم الدعوة للبدعة، وعدم موافقة الرواية لها، لِمَا أن البدع منذ نشأتها استعان أهلها بالتحريف والتبديل والكذب؛ لترويج بدعتهم، وغلب ذلك عليهم في العصور المتأخرة)[341].

أي: الأصل قبول رواية المبتدع إذا عُرف بالصدق والضبط والتحري، ولكن لما كانت أحوال كثير من الرواة غير ظاهرة.. أنيط القبول بما هو ظاهر؛ وهو:

---

(338) أحمد شاكر، شرح الباعث الحثيث، (ص224-226).

(339) ابن الوزير، الروض الباسم في الذب عن سنة أبي القاسم، (2/ 481-482)، و(2/ 504-505).

(340) الصنعاني، توضيح الأفكار، (2/ 127).

(341) نور الدين عتر، أصول الجرح والتعديل وعلم الرجال، (ص158).

عدم الدعوة للبدعة وعدم موافقة الرواية لها، **أقول**: فلا وجه للانتقال إلى هذا إذا عرف صدق وضبط الراوي؛ كالحبيب العلامة محمد بن عقيل رحمه الله.

الوجه الثالث: إنْ سلّم بكون رواية المبتدع لما يقوي بدعته مردود[342].. فلا يسلّم أنّ الحبيب محمد بن عقيل مبتدع؛ إذ نزاعنا في رأي السادة آل باعلوي في موقفهم من معاوية لا رأي أهل السنة، فيلزم المعارض إثبات كون موقف السادة آل باعلوي من معاوية مثل مذهب أهل السنة، ثم يساغ له القول بأنّ من طعن في معاوية كان مبتدعا، فحينئذ يمكن ردّ رواية الحبيب محمد بن عقيل بناء على أنه مبتدع، فهذا الاعتراض بُني على مقدمة غير ثابتة وأريد به التوصل إلى نتيجة، فلم يكن منتجا[343].

* * *

فإن قيل: هذا لم يثبت عن الحبيب علي الحبشي.

---

(342) فإن الخلاف في قبول رواية المبتدع سواء أكان داع إلى بدعته أم لا نظري لا عملي، فإنّ العمل على قبوله مطلقا، قال الشيخ المحدث أحمد شاكر رحمه الله بعد سياقه الخلاف النظري في قبول رواية المبتدع: (**وهذه الأقوال كلها نظرية**، والعبرة في الرواية بصدق الراوي وأمانته والثقة بدينه وخلقه، والمتتبع لأحوال الرواة يرى كثيرا من أهل البدع موضعا للثقة والاطمئنان **وإن رووا ما يوافق رأيهم**)، ونَقَلَ عن الحافظ ابن حجر قوله: (التحقيق أنه لا يرد كل مكفر ببدعته؛ لأن كل طائفة تدعي أن مخالفتها مبتدعة، وقد تبالغ فتكفر، فلو أخذ ذلك على الإطلاق = لاستلزم تكفير جميع الطوائف، **والمعتمد**: أن الذي ترد روايته من أنكر أمرا متواترا من الشرع معلوما من الدين بالضرورة أو اعتقد عكسه، وأما من لم يكن كذلك وانضم إلى ذلك ضبطه لما يرويه مع ورعه وتقواه = فلا مانع من قبوله)، وعلق عليه الشيخ أحمد شاكر بقوله: (**وهذا الذي قاله الحافظ هو الحق الجدير بالاعتبار، ويؤيده النظر الصحيح**) اهـ الباعث الحثيث شرح اختصار علوم الحديث (ص224-226).

(343) قال الحبيب العلامة محمد بن عقيل بن يحيى [تقوية الإيمان، (ص12)]: (ومعلوم أنه لا يصح إثبات بدعة لاعن الطاغية إلا إذا ثبتت بدعة أئمته في ذلك؛ وهم: علي، والحسنان، وصالح أولادهم، وهم: العترة المنصوص على أنهم لن يفارقوا القرآن أبدا، ففي القول ببدعتهم تكذيب جلي للنبي صلى الله عليه وآله وسلم، ومكذب النبي صلى الله عليه وآله وسلم كافر).

قلتُ: توهّم قائلُه أنّ الحبيب أبا بكر نقل ما سبق عمن جمع كلام الحبيب علي الحبشي وليس كذلك، بل سمعه الحبيب أبو بكر عنه بنفسه، فكما لا يتوقف ثبوت ما جمعه مولى خيلة أو غيره ممن جمع كلام الحبيب علي الحبشي على ذِكْر الحبيب أبي بكر ابن شهاب له.. لا يتوقف ثبوت ما ذكره الحبيب أبو بكر ابن شهاب على ما ذكره هؤلاء.

فإن قيل: يطعن في نقلكم تفرد الحبيب أبو بكر ابن شهاب به، وأمر كهذا لا سيما وقد لعنه مرارا.. ينبغي أن يكون شائعا مشهورا.

قلتُ: هذا مردود من وجهين:

الأول: لا نسلم أنه كان في مجلس عام.

الثاني: وإن كان في مجلس عام.. فلا يطعن ذلك في صحة النقل، قال الحافظ ابن حجر: (الواحد الثقة إذا كان في مجلس جماعة ثم ذكر عن ذلك المجلس شيئا لا يمكن غفلتهم عنه ولم يذكره غيره أن ذلك لا يقدح في صدقه، خلافا لمن أعلَّ بذلك)(344).

* * *

(344) ابن حجر العسقلاني، فتح الباري، (1/ 18).

المطلب الخامس

الحبيب العلامة المتفنن أبو بكر بن عبد الرحمن بن شهاب [ت:1341هـ]

ينظر كتابه «وجوب الحمية»(345)، و«كشف النقاب عن وجه الصواب لإزالة ريب المرتاب»(346)، ومكاتبته للحبيب أحمد بن حسن العطاس(347)، و«الشهاب الثاقب على السباب الكاذب»(348)، تقريظه على «النصائح الكافية لمن يتولى معاوية»(349).

وقد توهم بعضٌ مخالفة الحبيب أبي بكر لما هو مشهور عنه من موافقته للحبيب محمد بن عقيل، وقد بين العلامة ابن شهاب خطأ ذلك بقوله: **(قال المعترض**(350): وقال السيد أبو بكر ابن عبد الرحمن ابن شهاب الدين في كتابه «الترياق النافع» في الأصول ما نصه: «ونمسك عما جرى بين الصحابة من المحاربات والمنازعات التي قتل بسببها خلق كثير، سئل ميمون بن مهران عن أهل صفين فقال: تلك دماء طهر الله منها يدي فلا أخضب منها لساني» انتهى، وقال أيضا في كتابه «رشفة الصادي»: «وكل الصحابة رضي الله عنهم عدول وثقات وأمناء، يجب احترامهم وبرهم واعتقادهم وحسن الثناء عليهم، وأن لا يذكر أحد منهم بسوء، ولا يغمص عليه أمر، بل تذكر حسناتهم وفضائلهم وحميد سيرتهم، ويسكت عما وراء ذلك؛ كما قال عليه السلام: «إذا ذكر أصحابي فأمسكوا»، وينبغي حمل ما يشكل علينا مما شجر بينهم بأحسن التأويلات؛ لأن

---

(345) مطبوع.

(346) تجده في كتاب «أبو المرتضى» لمحمد أسد شهاب، (ص280).

(347) المصدر السابق، (ص275).

(348) المصدر السابق، (ص293).

(349) النصائح الكافية لمن يتولى معاوية، (ص347).

(350) وهو الحبيب حسن بن علوي ابن شهاب في كتابه «الرقية الشافية» الذي حاول فيه الرد على «النصائح الكافية».

ذلك أمر مفروغ منه، والإضرابُ عن أخبار المؤرخين وجهلة الرواة وضلال الشيعة والمبتدعين القادحة في أحد منهم، وإثباتُ الأجر لكل في اجتهاده واعتقاد إصابته باجتهاده، وذلك هو الأسلم، وهو الحق إن شاء الله بلا ريب» انتهى.

أقول: أما ما نقله عني من «الترياق».. فإني ملتزم فيه حل ما في كتاب «جمع الجوامع» لابن السبكي وشرحه للجلال المحلي(351)، فذكرت ما ذكراه وليس لي أن أتصرف بنقص مطلقا ولا بزيادة إلا وأعزوها إلى قائلها، على أني فسرت في الهامش(352) كلام ميمون بن مهران بما أعتقده الحق ونسبتُه إلى نفسي وأَعرَضَ عنه.

وأما ما نقله عن كتابي «رشفة الصادي».. فإني أشهد الله والمؤمنين أني رجعت عن لفظة «كل» من قولي: «وكل الصحابة» إلى إبدالها بلفظ «جل الصحابة»(353)، وما ذكرته ثَمّ هو عقيدتي فيهم الآن، والله يتولى السرائر)(354).

* * *

---

(351) وقال تلميذه الحبيب محمد بن عقيل ين يحيى [تقوية الإيمان، (ص68)]: (وأقول: إن شيخنا أحسن الله مجازاته إنما حل في «الترياق» «جمع الجوامع» وشرحه ولم يذكر فيه ما يرجحه هو).

(352) وهو قوله: (مراد ميمون رحمه الله بقوله: «تلك دماء طهر الله منها يدي... الخ» دماءُ حزب الإمام الحق سيدنا ومولانا علي كرم الله وجهه؛ إذ هي التي يمكن وصف اليد السالمة منها بالطهارة، لا دماء الحزب الآخر، فلا يمكن وصف الأيدي بالسالمة منها بالطهارة، وكيف وأول يد لطخت بها يد الإمام علي رضي الله عنه مع النص والإجماع على أنه محق في سفكها وأنّ قتال البغاة واجب مأجور فاعله).

قال الحبيب محمد بن عقيل [تقوية الإيمان، (ص68)]: (وما ذكره شيخنا هو الأولى بأن يفهمه من يحسن الظن بمهران ويقول أنه من أهل السنة، ويدل لهذا ما نقله حافظ المغرب ابن عبد البر رحمه الله تعالى في «الاستيعاب» من رواية ميمون بن مهران هذا عن ابن عمر: أنه دخل عليه رجل فسأله عن تلك المشاهد فقال: «كففت يدي فلم أقدم، والمقاتل على الحق أفضل» انتهى.

ويجوز أن يفهم مقالة ميمون هذه على ما نحو ما فهمها المصانع من يقول: أنّ ميمونا ناصبي مبغض لعلي؟ ويجعلها من جملة ما يستدل به على نصب ميمون ونفاقه، وقد ذكر العسقلاني رحمه الله تعالى في ترجمه ميمون هذا عن العجلي أنه كان يحمل على علي، فإنْ ثبت هذا.. فهو منافق ملعون، والله أعلم).

(353) وقد ألف رشفة الصادي في ريعان شبابه، ينظر كتاب أبو المرتضى ابن شهاب لمحمد أسد ابن شهاب (ص243).

(354) وجوب الحمية، أبو بكر ابن شهاب، (ص46).

المطلب السادس

الحبيب العلامة محمد بن أحمد المحضار [ت:1344هـ]

للحبيب محمد بن أحمد المحضار أبيات كثيرة في ذم معاوية وعمرو والمغيرة، ومن ذلك قوله رضي الله عنه:

ولقد أصيب المسلمون بما دهى الـ
إسلام من خطب من المراق
ابن الشقي وحزبه لعنوا واشـ
ـقوا من ضريع النار والغشاق
فقد استحلوا حرمة البلد المنيـ
ـف وسائر الحرم الشريف بسيء الأخلاق
وانتهكوا ذات الستور فأ
صبحت من غير ما ثوب وغير نطاق
بالشرك قد سلقوا البريئين
بألسنة حداد أيما أسلاق
فلقد أصيبت شرعة الهادي به
وأصيب قبل الدين في الأعماق(355)

قوله رضي الله عنه: «ابن الشقي...» المقصود به يزيد بن معاوية، فقد وصف أباه معاوية بأنّه شقي.

وقال رضي الله عنه:

لا نرو الموضوعَ أو عن ناكث أخطأ رشاده

(355) محمد بن أحمد المحضار، ديوانه، (ص159).

كعمـرٍ او مـــروان أو	بشــر أو مغيــرة او جحــاده
البـايعين الــدين بالــــــ	دنيــا وقــد عملــوا كســاده
فالكــل قــد مــردوا ومــــــ	ــد نفـاقهم فيهم سـواده(356)

فقد جرح الحبيب محمد المحضار في عدد من الصحابة في هذه الأبيات، فوصفهم بأنهم باعوا آخرتهم لدنياهم، ثم رماهم بالنفاق.

وقال رضي الله عنه:

هجوم الشـقي ابن الشـقي وقومـه الــ	مـوارق كـل مـنهم اسـتوجب اللعنـا
وقــد ذكــر المعصــوم قــرن لعينــهم	ومطلعـه فيهم ومن يكـسـر القرنا(357)

هنا يصف يزيد وأباه بالشقاوة ولعن كلا منهم، وليس المراد ابن عبد الوهاب كما قد توهم بعضهم؛ إذ الشيخ والده عبد الوهاب كان من الصالحين على عقيدة حسنة لا مثل ابنه.

وقال رضي الله عنه:

وطغـام أهـل الشـام في صــفين مـا	لاقوه وابن الصخر خـان كهنـده(358)

وقال رضي الله عنه:

ومـن بعـد هـذا نـازعوه حقوقـه	طغــاة بغــاة مــن فئــام لآمهــا
بصــــفين........................	........................(359)

وغير ذلك من المواضع في ديوانه رضي الله عنه.

---

(356) المصدر السابق، (ص154).
(357) المصدر السابق، (ص71).
(358) المصدر السابق، (ص62).
(359) المصدر السابق، (ص80).

وكان رضي الله عنه من المؤيدين لـ «النصائح الكافية» و«وجوب الحمية»، حيث شارك الحبيب محمد بن عقيل والحبيب عبد الرحمن بن عبيد الله والحبيب محمد بن علي الحبيد في إرسالهما إلى الإمام يحيى‍(360)، كما له تقريظ على «العتب الجميل» مخطوط نقله الحبيب محمد بن عقيل في نسخته لـ «العتب الجميل» المخطوطة.

✽ ✽ ✽

---

(360) محمد بن زبارة الصنعاني، أئمة اليمن بالقرن الرابع عشر للهجرة، (2/ 262).

المطلب السابع

الحبيب عقيل بن عثمان بن عبد الله بن يحيى [ت:1344-1346هـ]

قال الحبيب عبد الرحمن بن عبيد الله السقاف: (ومن النكات حسبما قدمنا أن الأخ عقيل بن عثمان بن عبد الله بن يحيى كان معتلا بسنقافوره فاتفق اجتماع لدى بعض الوجهاء حضره جماعة فأظلم المجلس واشتد الرجوم؛ لاجتماع الأضداد، فأخذ السيد حسن بن شهاب يلاطف عقيلا وقال له بعدما سأله عن صحته: لعله أجدى فيك العلاج، فقال له: لم ينفعني العلاج وإنما نفعتني «الحمية»، فغص بها السيد حسن وسر السيد ابن عقيل)(361).

يقصد الحبيب حسن ابن شهاب بالعلاج كتابه «الرقية الشافية»، فيصرح الحبيب عقيل بأنّ ذلك الكتاب الموافق لمذهب أهل السنة في موقفهم من معاوية لم ينفعه، وإنما الذي نفعه كان «وجوب الحمية»؛ أي: كتاب الحبيب أبي بكر ابن شهاب في الرد على «الرقية الشافية».

* * *

---

(361) عبد الرحمن بن عبيد الله، بضائع التابوت، (3/ 154).

المطلب الثامن

الحبيب علي بن عبد الرحمن بن سهل [ت: 1349هـ]

قال الحبيب عمر بن علوي الكاف في ترجمته له: (كان فقيها نبيها ذكيا فطنا يحب العلم وأحباءه، ولد بتريم سنة 1265 وتوفي بها ليلة المعراج 27 شهر رجب سنة 1349)(362).

قال السيد محمد ضياء شهاب بعد ذكر نسبه: (ولد بتريم عام 1265هـ ونشأ وتلقى بها معلوماته ورحل إلى عدد من البلدان لطلب العلم، وأقام في سيئون ورحل إلى سنغافورا بعد أن غذاه بالعلوم شيوخه بتريم وسيئون، ورحل إلى الحرمين عدة مرات، له أعمال خيرية يبذل من ماله الخاص الذي يأتيه من سنغافورا، فطبع كتاب «البرقة المشيقة» و«معارج الهداية» للعلامة السيد علي بن أبي بكر السكران، وكتاب «بغية المسترشدين» فتاوى العلامة السيد عبد الرحمن ابن محمد المشهور و«تنميق السفر» للعلامة عبدالرحمن بن مصطفى العيدروس، وديوانه بالشعر الحميني، وكان عالمًا وكاتبًا وأديباً، له صلات برجال العلم، ومقالات في الصحف، وتقريظ على كتاب «**النصائح الكافية**» تأليف السيد محمد ابن عقيل يتوقد غيرة على الإسلام والمسلمين والرسول وأهل بيته، توفي بتريم عام 1349هـ، وله عقب بتريم وجاوا وماليزيا)(363).

وله أيضا رحمه الله تقريظ على «**وجوب الحمية**»، وفيه قوله: (قد منّ الله وله الحمد والمنة بإتمام طبع كتاب «**وجوب الحمية عن مضار الرقية**» وهو كتاب صدع بالحق، وقال بالصدق، وقمع الباطل، وفضح التمويه، كتاب ضرب الله به الذلة على شيعة **طغاة هذه الأمة**، ومشتف به عوارهم، وكذب به دعاويهم، كتاب أيد الله به الهدى، وأزال به العمى، وزاد به الذين آمنوا إيمانا، كتاب نزل نزول

---

(362) عمر بن علوي الكاف، الفرائد الجوهرية مجموع تراجم الشجرة العلوية، (3/ 736).
(363) محمد ضياء شهاب، تعليقاته على شمس الظهيرة، (2/ 487).

الصاعقة على رؤوس أنصار الفئة الباغية المارقة، فأخرس شقاشقهم، وأسكت ناعقهم، كتاب بيّن حجج الوصي، وأظهر تمويه الدعي، وصرح بدلائل آل النبي، وأبطل تأويل كل غوي، وكيف لا وهو تصنيف علامة المشرق المطلع المحقق المصنف المدقق، أستاذ الوصول، ورافع علم الأصول، وجهة المنقول، وفارس المعقول، من عمت إفاداته المشارق والمغارب، وانتفع بتصانيفه وفتاويه كل عالم وطالب، لسان الشريعة الغراء، ونيّر شموس بني فاطمة الزهراء، فاضح النواصب، ومبيّن كذب الكاذب، أخينا الصادق الأواب الأمين، السيد السند أبي بكر بن عبد الرحمن بن شهاب الدين العلوي الحسيني، أدامه الله نجم هداية للعلماء العالمين، وشهابا ثاقبا للمبتدعين المارقين

آمـين آمـين لا أرضى بواحـدة حتى أضيف إليهـا ألـف آمـين

وقد شغفت بتأمل هذا الكتاب المفيد وأحطت علما بما حواه من القول السديد، وما قرع به ذلك المَريد، وما أفاد به كل مُريد مستفيد، فرأيته قد قام بالواجب، وهدم بنية النواصب، وصب عليهم العذاب الواصب، وفضحهم كما فضح الفجر الصادق الفجر الكاذب، فجزاه الله خير الجزاء، لقد أدخل السرور بما كتب علي النبي والوصي، ونفى عن السادة العلويين ما لطخهم به زورا ذلك الخبيث الغبي، والفدم الناصبي، وماذا أقول فيمن خذله الله فابتلاه بعداوة أخي رسول الله، وأبي بنيه الهداة، ويكفيني أن استشهد بما قاله يعسوب المؤمنين، فيمن هو مثل هذا من المشاغبين.

قال عليه السلام: «وآخر قد تسمى عالما وليس به، فاقتبس جهائل من جهال، وأضاليل من ضلال، ونصب للناس أشراكا من حبائل غرور، وقول زور، قد حمل الكتاب على آرائه، وعطف الحق على أهوائه، يؤمن الناس من العظائم، ويهون كبير الجرائم، يقول: أقف عند الشبهات وفيها وقع، ويقول: أعتزل البدع وبينهما اضطلع، فالصورة صورة إنسان، والقلب قلب حيوان، لا

يعرف باب الهدى فيتبعه، ولا باب العمى فيصدعه، وذلك ميت الأحياء، فأين تذهبون، وأنى تؤفكون» انتهى.

فانظر أيها المطالع ما وصف به هذا الرباني أشباه هذا العقعق العاق، واللقلق اللقلاق، والشقي المشاق، تجده منطبقا عليهم أتم الانطباق، ولقد اجتهدت محتسبا على نزر بضاعتي من العلم فتطفلت بالمشاركة في تصحيح هذا الكتاب؛ حبا بالمشاركة في خدمة ذلك الجناب، وتقرّبا به إلى رب الأرباب، فأتى بحمد الله نزهة للمطالعين من ذوي الألباب، وهو مع ذلك لا يخلو من أغلاط مطبعية قليلة يهتدي إليها الفطن، وربما ألحق بها جدولا بآخر الكتاب، وقد تم طبعه بمطبعة الإمام المشهورة، ببندر سنقافورة المعمورة، بمحل إدارة المطبعة عدد 26، بطريق روبنسن رود بتاريخ يوم الخميس لثلاث بقين من شهر ذي الحجة الحرام سنة 1338 الموافق 29 ديسمبر سنة 1910 الميلادية، وصلى الله وسلم على خير خلقه، سيدنا محمد وآله وأصحابه الهداة، وعلينا معهم وفيهم آمين آمين، كتبه: علي بن عبد الرحمن بن سهل)(364).

أقول: لا يخفى ما في ذلك التقريظ من مخالفة واضحة لمنهج أهل السنة في معاوية وتحامله الشديد عليه.

* * *

---

(364) ينظر تقريظه ملحقا بآخر «وجوب الحمية» (ص104-106).

المطلب التاسع
العلامة الحبيب محمد بن عقيل بن عبد الله بن عمر بن يحيى [ت: 1350هـ]

ينظر كتابه «النصائح الكافية لمن يتولى معاوية»(365)، «تقوية الإيمان برد تزكية ابن أبي سفيان»(366)، «ثمرات المطالعة»(367)، «فصل الحاكم في النزاع والتخاصم بين بني أمية وبني هاشم»(368)، «الهداية إلى الحق في الخلافة والوصاية»(369)، ورده على الجمال القاسمي(370)، ومكاتبات بينه وبين الحبيب أحمد بن حسن العطاس(371)، ومكاتبته للإمام يحيى(372).

ويلاحظ أن عددا ممن ذكرتهم كانوا ممن أخذوا عن الحبيب علي الحبشي(373) مما يقوي صحة ما نُقل عنه من لعنه لمعاوية.

* * *

المطلب العاشر
الحبيب محمد بن علي الحبيد [ت: 1356هـ]

كان الحبيب محمد بن علي الحبيد من المؤيدين لـ«النصائح الكافية» و«وجوب الحمية»، حيث شارك الحبيب محمد بن عقيل بن يحيى والحبيب عبد الرحمن بن

---

(365) مطبوع.
(366) المنتشر من «تقوية الإيمان» هو كتاب مختصر من أصله الذي لا يزال مخطوطا.
(367) فيه فصل باسم: «مثالب معاوية».
(368) مطبوع ملحق بآخر تقوية الإيمان.
(369) مخطوط، وهناك نسخة مطبوعة غير منتشرة.
(370) مخطوط ضمن المذكرات.
(371) مخطوط ضمن المذكرات.
(372) محمد بن زبارة الصنعاني، أئمة اليمن بالقرن الرابع عشر للهجرة، (2/ 261-262).
(373) ذكر الحبيب محمد بن عقيل الحبيبَ علي الحبشي من شيوخه وأنه أجازه مشافهة ألبسه خرقة الصوفية، ينظر ترجمته لنفسه في «ثمرات المطالعة» (3/ 223).

عبيد الله السقاف والحبيب محمد بن أحمد المحضار في إرسالهما إلى الإمام يحيى[374].

وينظر إقراره وتباهيه بفضل العلامة ابن عقيل وكتابه «النصائح الكافية» فيما نقله الحبيب صالح بن علي الحامد في كتابه «رحلة جاوة الجميلة»[375].

* * *

المطلب الحادي عشر

الحبيب القطب أحمد بن عبد الرحمن السقاف [ت: 1357هـ] والحبيب عبد الله بن محمد بن حسين السقاف

القطب أحمد بن عبد الرحمن السقاف كان من تلامذة الحبيب أحمد بن حسن العطاس الذي تقدم موقفه في هذه المسألة[376]، وقال عنه شيخه الحبيب أحمد ابن حسن: (هذا السيد ما انتقدت عليه لا بظاهري ولا بباطني، ولو وزنتموهم كلهم[377].. ماحد بيطلع في ميزانه، وله وقت)[378].

وجاء في مختارات الحبيب علوي بن عبد الله السقاف ما نصه:

(أخبرني الأخ عبد الله بن محمد بن حسين بن علوي السقاف الملقب المصري بأن سيدي الوالد أحمد بن عبد الرحمن بن علي بن عمر بن سقاف كان يدخل عنده في كل شهر مرة أو مرتين، وأنه في كل مرة ذكر له ما اطلع عليه من أعمال معاوية وبني أمية نحو الإمام علي وأهل بيته، يقول.. اسمع ما قول لك: شف، **كل علوي لا يحب معاوية وأصحابه**، وإنما سلفنا استغرقت أوقاتهم العبادات،

(374) محمد بن زبارة الصنعاني، أئمة اليمن بالقرن الرابع عشر للهجرة، (2/ 262).

(375) صالح بن علي الحامد، رحلة جاوة الجميلة، (ص92).

(376) ينظر ترجمه الحبيب أحمد بن حسن العطاس لابنه علي (ص35).

(377) يعني العلماء من أقرانه. مجموع كلامه بجمع بافضل (2/ 384).

(378) مجموع كلامه بجمع بافضل (1/ 373).

وذكر الله ومراقبته، فلم يلتفتوا إليه، ويرون أن لا حاجة لذلك في مثل الوسط الحضرمي)[379].

أقول: رواية الحبيب عبد الله المصري ما سبق دون إنكار.. إقرار له.

قوله: «**ذكر له ما اطلع عليه من أعمال معاوية... الخ**» مخالفة لمنهج أهل السنة والجماعة في السكوت عما جرى بين الصحابة وعدم ذكرهم إلا بخير.

وقوله: «**كل علوي لا يحب معاوية وأصحابه**» قضيةٌ مسورة بالكلية شامل لكل العلويين؛ أي: فمن أحبه.. خالف طريقة العلويين في هذه المسألة؛ إذ لا يجمع القلب على حب الإمام علي عليه السلام مع حب عدوّه معاوية، قال الإمام الحداد: (والمحبة دعوى لا تثبت حتى تقوم بها بينة الموافقة، **فالذي يدعي محبة شخص** وهو مع ذلك يخالفه في أغراضه ومراداته التي يقدر عليها **ولا يوالي من يواليه ولا يعادي من يعاديه.. يقضي العقل بتكذيبه**)[380]، وقد سبق تفصيل الكلام فيما يتعلق بالحب[381].

* * *

المطلب الثاني عشر

الحبيب مصطفى المحضار [ت: 1374]

قال السيد عبد الرحمن بن شيخ العطاس صاحب جاكرتا حفظه الله بأنه قرأ على الحبيب مصطفى المحضار في كتاب، فلما وصل إلى موضعٍ ذُكر فيه معاوية ابن أبي سفيان وسوده أثناء قراءته.. أنكر عليه الحبيب مصطفى المحضار وقال له: (سيد أمك).

* * *

(379) السيرة الذاتية للحبيب علوي بن عبد الله السقاف (ص293).
(380) عبد الله بن علوي الحداد، النفائس العلوية في المسائل الصوفية، (ص49).
(381) (ص64).

المطلب الثالث عشر
الحبيب العلامة عبد الرحمن بن عبيد الله السقاف [ت: 1375هـ]

قد وقع في كتب العلامة ابن عبيد الله نصوص صريحة في تنقيص معاوية ابن أبي سفيان، وكان لا يرى تسويده والترضي عنه، كما كان يرى جواز لعنه.

وقد استغرب العلامة ابن عبيد الله من العلويين الذين كانوا يسودون معاوية فقال فيهم: (تراهم يسودون حتى من حارب عليا في صفين ويترضون عنهم!)(382).

قال رحمه الله: (ومع هذه الخطوب والحروب فقد اشترى(383) **من لا حريجة له في الدين ذمم كثير**)(384).

فانظر كيف يصفه بقوله: «من لا حريجة له في الدين»، أهذا من التعظيم الواجب للصحابة في مذهب أهل السنة؟

وقال رحمه الله: (ولقد اجتمعت بالمكرم محمد بن طالب – وكان لي صديقا –

---

(382) عبد الرحمن بن عبيد الله السقاف، سموم ناجر في تعزيز نسيم حاجر، (ق/10).
(383) أي: معاوية ابن أبي سفيان، قال الحافظ ابن حجر في الفتح (13/ 70): (6694): (قوله: لما خلع أهل المدينة يزيد بن معاوية... عن نافع أن معاوية أراد ابن عمر على أن يبايع ليزيد فأبى وقال: لا أبايع لأميرين، فأرسل إليه معاوية بمائة ألف درهم فأخذها، فدس إليه رجلا فقال له: ما يمنعك أن تبايع؟ فقال: إن ذاك لذاك يعني عطاء ذلك المال لأجل وقوع المبايعة، إني ديني إذاً لرخيص، فلما مات معاوية كتب ابن عمر إلى يزيد ببيعته)، وسكت عنه ابن حجر فهو صحيح أو حسن كما نص في مقدمته لفتح الباري (1/ 4)، وصححه الشيخ شعيب في تحقيقه للسير (3/ 225).
وروى ابن سعد في الطبقات الكبرى (4/ 164) بسند صحيح أن معاوية دس عمرو بن العاص وهو يريد أن يعلم ما في نفس ابن عمر يريد القتال أم لا... وفيه قول عمرو بن العاص لابن عمر: هل لك أن تبايع لمن كان الناس أن يجتمعوا عليه؟ ويجتمعوا لك من الأرضين ومن الأموال ما لا تحتاج أنت ولا ولدك إلى ما بعده؟ فقال: أف لك، أخرج من عندي ثم لا تدخل علي، ويحك إن ديني ليس بديناركم ولا درهمكم، وإني أرجو أن أخرج من الدنيا ويدي بيضاء نقية)، وينظر بعض محاولاته لشراء ذمم أخرى في السير (2/ 396)، و(3/ 144)، وينظر كتاب «معاوية قراءة في المثالب والمناقب » للعلامة صادق المالكي (ص 87 91).
(384) عبد الرحمن بن عبيد الله السقاف، خطبة الغدير، (ص24).

في جماعة، فذكر هو أو غيره فحولة معاوية **ليغضبني** فلم يكن مني إلا أن قلت: وهل يلد عبد مناف إلا الفحول؟ فقال للشيخ ربيع أو لغيره: معنى هذا الكلام أن لا حظّ لنا في فضل معاوية، فقلت: هو كذلك.

وبه ذكرت مجلسا ضمني وجماعة من الشيعة والشاميين بالحجاز عند أحد الوجهاء، فطفق بعضهم يتملق بمدح معاوية حتى اسودت وجوه الشيعة، وخشيتُ أن يشوش المجلس، فتناولت الكلام وقلت: ما خفي عليك أكثر، وذكرت من أخباره ما اعترف فيه بصريح الفضل لآل علي رضوان الله عليهم مع تلك الدماء المائرة والحروب الثائرة...)[385]، ثم ذكر شيئا مما الواجب السكوت عنه عند أهل السنة.

قوله: «**ليغضبني**» صريح في أن العلامة ابن عبيد الله كان يُعلم بغضبه من ذلك، ولا سبب لأن يغضب إن كان على منهج أهل السنة في موقفه من معاوية، بل اللائق به السرور حينئذ.

ومن طعنه في معاوية قوله رحمه الله:

وإذا ذكرنا ما مضى في حقكم ... كدنا من الحسرات أن نتسعّرا
عَلَنًا نسبُّ عداكم فعليهمُ ... لعن الإله على الدوام مكررّا
لا ينطوي قلب على بغضائكم ... إلا وقد شنئ[386] النبيّ الأطهرا[387]

وقد حقق الباحث مروان باوزير أن المراد بالمذكورين هم صحابة من أعداء أهل البيت لا غيرهم، وسأنقل استدلاله لذلك، وهو قوله:

(أما دليل إرادته باللعن في القصيدة أعداء أهل البيت من الصحابة فيدل عليه:

---

(385) عبد الرحمن بن عبيد الله السقاف، بضائع التابوت، (1/ 283-284) بخط حنبل.
(386) شنئ: أبغض
(387) عبد الرحمن بن عبيد الله السقاف، ديوانه، (ص505).

أولا: دلالة النص من القصيدة.

ثانيا: دلالة مناسبتها.

أما دلالة النص على أن مراده باللعن أعداء أهل البيت من الصحابة.. فيتمثل في السباق واللحاق من النص.

أما السياق(388): فقد سبق البيتَ الذي يصرح فيه باللعن إدانتُه بالحب للإمام يحيى وأنه يطرب إذا جرى حديثه عنده، بقوله:

إنــا نــدين بحــبكم ونــذوب مــن طرب إذا عرضا حديثكم جرى(389)

ثم بين بعده مخاطبا الإمام أنه إذا تذكر ما حلّ بحق أهل البيت نكاد نتسعر حسرة وكمدا، بقوله:

وإذا ذكرنــا مــا مضــى في حقكــم كدنا من الحسـرات أن نتسعرا(390)

قوله رضي الله عنه: «**ما مضى في حقكم**» يقصد به ما نيل من أهل البيت بسلب أعدائهم عنهم الخلافة والتنكيل بمن طالبها منهم، وهذا المعنى يكرره ابن عبيد الله في أكثر من موضع مما يبيّن أنه يقصد به هنا أعداء علي وأهل بيته، لا الإمام يحيى ودولته، ومن تلك المواطن:

- قوله في حق علي بعد ذكره نحلة فدك ومطالبته لحق فاطمة منه قال: «ولا جرم فقد وُضِعَت في ذمه أحاديث كثيرة إلا أنها ذهبت هباء كما يذهب أمثالها من

---

(388) قال ابن دقيق العيد [إحكام الأحكام، (2/ 216)]: (إنّ السياق طريق إلى بيان المجملات، وتعيين المحتملات، وتنزيل الكلام على المقصود منه، وفهم ذلك قاعدة كبيرة من قواعد أصول الفقه، ولم أرَ من تعرّض لها في أصول الفقه بالكلام عليها، وتقرير قاعدتها المطولة، إلا بعض المتأخرين ممن أدركنا أصحابهم، **وهي قاعدة متعينة على الناظر** وإن كانت ذات شغب على المناظر).

(389) ابن عبيد الله السقاف، الديوان، (ص446).

(390) المصدر السابق، (ص446).

الباطل، **فلقد هضموا حقه**، وأخملوا ذكره، وارادوا أن يمحوا من الوجود اسمه»[391].

- وقال مخاطبا قومه معاتبا لهم: «**وما أجدكم تتألمون لما لقيه ابن أبي طالب من الاهتضام والانظلام**، ولئن عذرتكم في بعض هذا بانتهاء محنته صلى الله عليه وآله وسلم بتوالي فتوحاته، واتصال أنكاد الإمام رضي الله عنه بآخر حياته، فما بالكم تتمنون أن لو حضرتم أيامه فناصرتموه، وما سمع أحدا يتمنى أن لو أكرمه الله **بالجهاد** مع نبيه وخليله»[392].

فهو يقرر أن عليا وأهل بيته نالهم الظلم والاهتضام متحسرا مما أصابهم، مما يؤيد أنه يعني بالبيت السابق ما نال عليا وأهل بيته من حقهم، لا الإمام يحيى ودولته.

أما اللحاق: فلقد قال بعد ذكره لبيت اللعن:

لا ينطـوي قلـب عـلى بغضـائكم إلا وقـد شـنئ النبيّ الأطهـرا[393]

فهنا يبين أن من أبغضكم أهل البيت فقد أبغض نبيكم عليه الصلاة والسلام، فهل تُرى يعني ويخاطب بهذا البيت أعداءَه الكفار من الإنجليز فيبين لهم أن بغضهم لأهل البيت ومحاربتهم لهم هو بغض للنبي الكريم؟! أم يخاطب بهذا البيت فئة من المسلمين.

الذي لا شك فيه أنه يعني به فئة من المسلمين، ومما يؤكد هذا ذكره لفاطمة رضي الله عنها في البيت الذي بعده بقوله:

كيـف النجـاة لخصـمكم إن جئـتم يوم الحساب مع البتـول المحـشـرا

فهنا يتوعد خصوم أهل البيت، وأنهم كيف تكون لهم النجاة يوم القيامة، إن

(391) ابن عبيد الله السقاف، خطبة الغدير، (ص26).

(392) ابن عبيد الله السقاف، بضائع التابوت، (1/ 287).

(393) عبد الرحمن بن عبيد الله السقاف، ديوانه، (ص505).

جاء الإمام يحيى وأهل البيت مع فاطمة البتول في أرض المحشر، وفي ذكره لفاطمة في هذا الموطن تعريض بالصحابة الذي يدعي ابن عبيد الله أنهم سلبوها حقها من نحلة فدك(394)، وأنّ من جادل عن هؤلاء الغاصبين لحقها في الدنيا وحق أهل البيت من الخلافة فمن سيجادل عنهم يوم القيامة عند الله؟، يقول:

إن جادل السفهاء عنهم هاهنا ... فمن المجادل يوم تنفصل العرى

وهذه القرائن كلها تدل على أنه يريد بلعنه لعداة أهل البيت معاوية، وهذا ما نستطيع الجزم به للأدلة السابقة، والله أعلم.

دلالة مناسبة القصيدة:

ذكرنا في بداية المبحث أن مناسبة القصيدة هي استنجاد ابن عقيل للإمام يحيى لحماية حضرموت من الإنجليز، ذاكرا له أنه بفضل دعوته صار له أنصار يحبون أهل البيت ويدافعون عنهم، وذكر من آثار دعوته تلك تأليفه لكتاب «**النصائح الكافية**» وأنه سيرسله له مع رسالته هذه وقصيدة معها، **وهي قصيدة ابن عبيد الله هذه**(395).

---

(394) قال ابن عبيد الله في «بلابل التغريد» (ص429): (فقد طفق [أي علي] زمنا يدور بفاطمة على بيوت الأنصار فيطلبها، حتى قال المنصور في كتابه المشهور لمحمد بن عبد الله بن حسن المثنى: ولقد طالب بها أبوك بكل وجه، فأخرجها تخاصما، ومرضها سرا، ودفنها ليلا)، نقله باوزير، والظاهر أنّ مراد العلامة ابن عبيد الله هنا الخلافة لا فدك، ولعل للعلامة ابن عبيد الله نصا آخر في ذلك.

(395) وحذف الشيخ عمر باذيب ذكر «النصائح الكافية »، و«وجوب الحمية » من رسالة الحبيب محمد بن عقيل إلى الإمام يحيى ليرجح ما ذهب إليه من أن المقصودين باللعن ليس أحدا من الصحابة، فأين الأمانة العلمية؟! ينظر كتابه «القلادة » (ص227)، بل نقل مكاتبة أخرى من «أئمة اليمن » للقاضي محمد زبارة من (ص248)، ثم ألحق بها آخرها مكاتبة أخرى في (ص262) ليوهم القارئ أنهما من مكاتبة واحدة، وهو قوله: «وهذا من محمد بن أحمد المحضار، ومحمد بن علي الجنيد، وعبد الرحمن بن عبيد الله السقاف »، وهذا تدليس؛ إذ الإشارة في قوله «وهذا » إشارة إلى مكاتبة أخرى، فسأنقل أول الجملة من أولها قبل ما نقله الشيخ باذيب حتى يتبين لعبه بالنصوص، في (ص261) قول الحبيب محمد بن عقيل للإمام يحيى: «وقد قمنا بتوفيق الله وعونه =

وقد فهم الإمام يحيى من قصيدة ابن عبيد الله وبيتِ اللعن منه أنه يوافق ويعضد كتاب شيخه ابن عقيل الذي يؤصل لجواز لعن معاوية، فرد عليه بقوله:

لا يرتضـي نحـل الـروافض مــذهبا   وكذاك لم يك مثل جهــم مجـبرا(396)

فبيّن في بيته هذا أنه ليس على مذهب الروافض اللّعّانين، وأنه لا يرتضي ذلك المذهب؛ كما أنه لا يرتضي مذهب مرجئة الجهمية)(397).

5 وقال الأستاذ مروان في موضع آخر: (والذي يترجح لي: أنه يقصد بهذا اللعن عداة أهل البيت من الصحابة(398)، **والذي نقدر الجزم به منهم معاوية وابنه لا كلهم**، ودليل حصر إرادته اللعن لمعاوية وابنه:

أولا: لوضوح النصوص السابقة المصرحة بأنه كان على لعن معاوية وابنه ثم تراجع عنه كما بيناه(399).

10 ثانيا: لوضوح عقيدته في الصحابة وترضيه عنهم وحفظه لهم مكانتهم

مع إخواننا بدعوة إلى الخير منذ مدة طويلة، وكتبنا فيها غمط من حقوق أهل البيت وما أهمل منها بعض ما وجب، حتى صار لها والله الحمد أصحاب في حضرموت وفي أكثر البلاد التي ينزحون إليها، وهم إن شاء الله رجال المستقبل ومحل الرجاء، وقد كتب كاتب هذه السطور في ذلك السبيل رسالة تسمى «النصائح الكافية» وحصل بها نفع كثير، وقد قضت سنة الله بأنه ما قام داع إلى هدى إلا قام ضده دعاة إلى الضلال، وقد كتب بعض المخذولين من بني عمنا ردا عليها فانبرى له أعلم شرقنا بلا نزاع شيخنا العلامة السيد أبو بكر بن شهاب، فرد عليه بكتابه «وجوب الحمية»، وقد كثر نفعه وعم، أما كتاب «وجوب الحمية» مع كتاب «النصائح» فقد قدمتهما مع هذا إلى رحابكم العلية، وإن تكرمتم بالإجابة.. فلتكن إلى سنقافورة بالعنوان المدرج ضمن هذا، **وهذا من محمد بن أحمد المحضار ومحمد بن علي الجنيد وعبد الرحمن بن عبيد الله السقاف**».

(396) الصواب أن الأبيات ليست من نظم الإمام يحيى، وإنما للسيد البليغ عبد الله بن إبراهيم، ينظر «ضحايا المؤرخين» (ص106).
(397) مروان باوزير، ابن عبيد الله وآراؤه الاعتقادية، (ص305-309).
(398) أي وغير الصحابة ممن ثبت أنه لعنهم.
(399) سيأتي نقله.

وسبقهم)[400].

وممن قال بأن المقصود بهذه الأبيات الصحابة المؤرخ القاضي إسماعيل الأكوع حيث قال:

(لكن الإمام يحيى كان لا يخفى عليه وجه الحق حينما يمس الأمر عقيدته حول سب صحابة رسول الله صلى الله عليه وآله وسلم، وذلك حينما رفع إليه الشاعر عبد الرحمن بن عبيد الله السقاف الحضرمي قصيدة يمدحه فيها وتعرض فيها للصحابة رضي الله عنهم باللعن[401] [وذكر البيت الشاهد] فما كان من الإمام يحيى إلا أن أبدى اشمئزازه مما قاله، وبيّن له في جوابه عليه في عقيدته في الصحابة وأنه لا يرضى بالقدح فيهم)[402].

ويؤيد هذا الرأي ما جاء في ندوة أقيمت في جامعة عدن حضرها العلامة ابن عبيد الله، وفيه: (فله قصائد جُمعت في ديوان صغير تحت اسم «الإماميات» **وأسف** عن بعضها لا عن جهالة ولكن عن علم، ظنا منه أنه يرضي بذلك معتقدات الإمام يحيى التي كان عليها معظم أئمة اليمن... فما كان من الإمام يحيى إلا أن أبدى اشمئزازه من قصيدته الجوابية مبينا في ذلك عقيدته الصحيحة في شرعة الرسول صلى الله عليه وآله وسلم وفي سنته)[403].

ومما يقوي تجويزه لعن معاوية قصيدته في تقريظه على «النصائح الكافية» وهي:

بِمُضَـاكَ فِي طَلَـبِ المحامـدِ والثَّنَـا   عَـرَفَ الخَسَـارةَ ذُو البَطَالَـةِ وَالوَنَـا

---

(400) المصدر السابق، (ص305).

(401) إلا أن هذا الإطلاق لا يوافق عليه، والصواب تقييد اللعن بمعاوية ويزيد كما سبق.

(402) إسماعيل الأكوع، هجر العلم ومعاقله باليمن، (ص1698-1699) باختصار.

(103) مجلة اليمن، العدد الثالث والعشرون، (ص194-195) باختصار.

وَقَضَى بِخَيْبَتِهِ وَسُوءِ صَنِيعِهِ ... مَنْ ظَنَّ أَنَّ المَجْدَ يُدْرَكُ بِالمُنَى
وَبِكَ اسْتَبانَ لِذي الحماقَةِ أَنَّهُ ... لا عِزَّ إلا بالمتاعِبِ والعَنا
لله درُّك يا محمدُ لم يصخ ... لِحديثِ جدِّكَ حاسدٌ إلا انحنى
لله درُّكَ ما دعتكَ شهامةٌ ... لعويصةٍ إلا وقلتَ لها أنا
خضتَ الحتوفَ وَجُبتَ كل صعوبةٍ ... لو سارَ ليثُ الغابِ إلا انثنى
همٌ سمتْ بكَ للمعالي لا ترى ... صَعبًا خطيرَ الشَّأنِ إلا هَيِّنا
ومتى توجهَ عزمُك الماضي إلى ... إدراكِ أمرٍ مستحيلٍ أُمكنا
فاربعْ عليكَ فقد تجاوزتَ المدى ... ولكَ الهناءُ بما بلغتَ لكَ الهنا
نَم صالحًا يابنَ الكرامِ ولا تَخَفْ ... فإليكَ طرفُ اللُّطفِ بالحسنى رَنا
ما زلتَ تبعثُ عن نواميسِ الهُدى ... حتى استنارَ الحقُّ وانبثقَ السَّنا
خَفِيَ الصَّوابُ على الورى فجلَتْ لهم ... تلكَ النَّصائح نورُ رشدٍ بيِّنا
أَعظمْ بها من مِنَّةٍ أسديتَها ... حلَّتْ لعظمِ مكانِها أنْ تُوزَنا
أَحسنْ بها من روضةٍ فواحةٍ ... لأولي النُّها والفهمِ دانيةِ الجَنا
سِفْرٌ به سَفَرَ الرَّشادُ لِثامَهُ ... تسربلتْ مِنْهُ النَّواصبِ بالضَّنَى
نسفَ الشكوكَ ببيناتِ الجأتْ ... مَن كانَ ينصفُ أن يدينَ ويُذعِنا
ما يصنعُ الجهالُ في تفنيدِ مَن ... قد جاءَ بِالنَّصِّ الصَّريحِ وبَرْهَنا
تبًّا لهُمْ يبغونَ تعكيرَ الضِيا ... بِغُبارِهِمْ والجهلَ بئسَ المقتنى
سطعَ الصباحُ بنورِهِ ما بالهُمْ ... يرجونَ رَدَّ الصبحِ ليلًا أَرْكَنا
فاعكفْ هُديتَ على النصائحِ واقتبسْ ... من نورِها لتنالَ غاياتِ المُنى
والزمْ قِراءتها ليعدوكَ الرَّدى ... فيها السلامةُ والهدايةُ والغِنى
رفعَ الستارَ عن الخفايا ربُّها ... وأجادَ تنسيقَ البيانِ وأتقنا

وضعَ الحجارةَ في فمِ الاعدا بما ... أبدى من الحججِ العظامِ ودوَّنا
شرحَ الحقائقَ بالصريح مجاهرًا ... لم يثنِهِ داع النفاقِ إلى الكنى
سَرَّ النبيَّ بجمعِهِ ووَصِيَّهُ ... وَشَفَى البتولَ وطيبةً والمُنحنَى
لِمَ لَا يُجَاهِرُ بِالحَقَائِقِ وهو مَن ... عرفَ الأنامُ شجاعةً وتمكنا
ربُّ الفصاحةِ والبراعةِ والذَّكا ... مَن في المعَارفِ والعلوم تفنَّنا
فرعُ الضراغمِ والبهاليلِ الأُولى ... يُعيِي اليراعَ فَخَارُهم والأَلسُنَا
رسختْ شوامِخُهُ ولكنْ خصمُهُ ... سفهًا يحاولُ أن يُقَوِّضَ ذا البِنا
ولعَ اللئام بِسَبِّهِ وتخرَّصُوا ... والحُرُّ ممتحنٌ بأولادِ الزِّنا[404]
ما شانَ رِفعتَهُ انتقامَ عُداتِهِ ... بنباحِهمْ لكنَّهم ربحو [الشَّنا]
قد قالَ قِدْمًا في النبي محمّدٍ ... أعداؤه نطقوا مقالاتِ الخنا
جعلَ الإلهُ لكلِّ حَبرٍ عاديًا ... وبذاكَ أخبرنا لكيلا نحزَنا[405]

نعم، ثبت عن العلامة ابن عبيد الله تراجعه عن اللعن، حيث قال: (ولقد كنت على نحو ذلك الرأي في أبي يزيد حتى كان ما قدمته في شرح البيت الثاني من بيتي المهاجر في الجزء الأول)[406]، أي قوله: (ورأيتني ما كنت أستعذب لعن يزيد بن معاوية، **بل ربما تجاوزته إلى غيره**، وظني ألا أعود إلى شيء من ذلك بعدما جاشت وحاشت نفسي من إفراطكم واعتدائكم، مع أني لو وزنته بكم.. لم أجد فيكم إلا

---

(404) لعله إشارة إلى الأبيات التي ينسبها بعضهم للإمام الشافعي، وهي قوله:

قسمًا بمكة والحطيم وزمزم ... والراقصات وسعيهن إلى منى
بغض الوصي علامة مكتوبة ... كتبت على جبهات أولاد الزنا
من لم يوال في البرية حيدرا ... سيّانِ عند الله صلى أو زنا

(405) من دفتر غالبه بخط الحبيب أحمد بن عمر بن يحيى.

(406) عبد الرحمن بن عبيد الله السقاف، بضائع التابوت، (3/ 154) بخطه.

من ينحط عن مرقاته، ولا يقدر على مسعاته... وما أراني بعد هذا راجعا عن بعض ما كنت عليه مع يزيد جبرا لخواطركم، ولا ملام، والسلام)(407).

أقول: ومما يجب الإشارة إليه أن العلامة ابن عبيد الله إنما صرح بتركه اللعن دون ما عداه، وأيضا تركه للعن لا يعني أنه يرى عدم جوازه، بل كان ترْكُه له جبرا لخواطر غيره ممن لا يرى الجواز، وليس أنه ترك اللعن لترجح حرمته عنده، فتأمل.

* * *

---

(407) المصدر السابق، (1/ 289/ 290)، بخط حنبل.

المطلب الرابع عشر

الحبيب العلامة علوي بن طاهر الحداد [ت: 1382هـ]

قال الحبيب العلامة علوي بن طاهر الحداد: (**وكثير من النواصب عادوه عليه السلام**؛ ابتغاء عرض الدنيا، وشواهد ذلك كثيرة، وحسبك بقول ذلك **الذي رقى**[408] منبر رسول الله صلى الله عليه وآله وسلم فقال للأنصار: إني ما قاتلتكم إلا لأتولى عليكم، فها أنا قد توليت)[409].

وقال رضي الله عنه: (فقد جرحوا الصحابي عامر بن الطفيل لمحبته لعلي عليه السلام، **ولم يجرحوا معاوية لبغضه وعدواته وسبه ولعنه له**)[410].

وقال رضي الله عنه: (نراهم جرحوا من عرف منه بغض الشيخين بغضا خاليا عن السب، **ولم يجرحوا من عُرف ببغض علي عليه السلام وسبه ولعنه ورميه بما برأه الله منه**، فأين الإنصاف؟)[411].

أقولُ: قد رمى معاوية بالنصب وببغض وسبِّ ولعن علي عليه السلام، ولا يثبت شيء من ذلك عند أهل السنة.

أما قوله بأنّ معاوية ناصبي.. فيعني أنه يرى بأنه مبتدع منافق لم يدخل قلبه الإيمان، قال الحبيب علوي بن طاهر الحداد: (وقد دلّت الأحاديث الصحيحة على أنّ **النّاصبي منافقٌ** وأنه لا يدخل قلبه إيمان)[412]، وقال: (**فإن قيل**: إنّ بغض رسول الله صلى الله عليه وآله وسلم كفر لا شك فيه ولم يقل أحد بكفر

---

(408) وهو معاوية ابن أبي سفيان كما في «البداية والنهاية» لابن كثير (11/ 429).

(409) علوي بن طاهر الحداد، إقامة الدليل على أغلاط الحلبي في نقده العتب الجميل، (ص282) ملحق بالعتب الجميل بتحقيق عبد الله العلوي.

(410) المصدر السابق، (ص296).

(411) المصدر السابق، (ص295).

(412) علوي بن طاهر الحداد، القول الفصل فيما لبني هاشم وقريش والعرب من الفضل، (1/ 97).

النواصب ولا الشعوبية وإنما قيل فيهم أنهم مبتدعة.

الجواب: أنّ التكفير بمعنى الإخراج عن الملة والحكم بالردة لا يجوز إلا بأمر صريح لا شك فيه، وإن سلِم الناصبي أو الشعوبي من التكفير.. **فلا يسلم من أن يحكم بنفاقه كما حكم بتبديعه، ولا يخلو قلب مبتدع عن نفاق...**)(413).

وقد أفاد الحبيب علوي بن طاهر الحداد الحبيب محمد بن عقيل بن يحيى ببعض قبائح معاوية ابن أبي سفيان(414)، وهذا مخالف لمنهج أهل السنة من السكوت عما جرى بين الصحابة وعدم ذكرهم إلا بخير، كما نراه يرد على من طعن في صحة قوله صلى الله عليه وآله وسلم: «إذا رأيتم معاوية على هذه الأعواد فاقتلوه»(415)، وكل هذا مردود لا يمكن قبوله عند أهل السنة والجماعة.

وقد طعن في الصحابي زياد بن أبيه حيث قال: (وإننا لنرى الآن من يتعصب للخوارج كلاب النار وينتصر لهم، ومن يتعصب للنواصب ويحطب في حبالهم،

---

(413) المصدر السابق، (1/ 541)، وقال الحبيب محمد بن أحمد المحضار [ديوانه، (ص28)]:

والمبغض المهتوف ماله من ولي　　يدخل جهنم سعف من فيها حلول
في الهاوية في أسفل أسفل سفل　　مغلول بالانعناق في أهل الغلول
في دركات النار وسط المنجل　　والويل ذي وصفه وذي هوله
هذا ورد في الذكر بالنص الجلي　　والسنة الغراء على رغم العذول

وقال رضي الله عنه (ص178):

ومن يبغض أهل البيت من كل　　وطاغ وباغ فاجر ومنافق
سيصلي عذاب النار في وسط　　بأعماله في ظلمة القبر مرتهن

(414) محمد بن عقيل بن يحيى، المذكرات، (6/ 171)، ومما أفاده أيضا ما كان مُعَنْونًا بـ «غصبهم بيت فاطمة »، و«جهل بني أمية » وغير ذلك فراجعه.

(415) علوي بن طاهر الحداد، القول الفصل فيما لبني هاشم وقريش والعرب من الفضل، (2/ 283).

بل ومن يتردى إلى الدرك الأسفل فيؤلف في سيره الحجاج **وزياد بن سمية** ونحوهم من **فراعنة الأمة** مادحا لهم مقرظا لأفعالهم، فهؤلاء وأمثالهم من أهل الشقاء سيلحقهم الله **بأولئك الخبثاء** بسبب ميلهم إليهم ورضاهم عن أفعالهم ومحبتهم لهم، والمرء مع من أحب)[416].

* * *

(416) علوي بن طاهر الحداد، القول الفصل فيما لني هاشم وقريش والعرب من الفضل، (1/54).

المطلب الخامس عشر
الحبيب العلامة صالح بن علي الحامد [ت: 1387هـ]

قال الحبيب صالح بن علي الحامد: (قال العلامة السعد في «شرح [المقاصد]»(417): (إن ما وقع بين الصحابة من المحاربات والمشاجرات على الوجه المذكور في التواريخ والمذكور على ألسنة الثقات يدل بظاهره أن بعضهم من حاد عن الطريق وبلغ حد الظلم والتفسيق، وكان الباعث عليه الحقد والعناد، والحسد واللداد، وطلب الملك والرياسة، والميل إلى اللذات والشهوات؛ إذ ليس كل صحابي معصوما، ولا كل من لقي النبي صلى الله عليه وآله وسلم بالخير موسوما، إلا أن العلماء لحسن ظنهم بأصحاب رسول الله صلى الله عليه وآله وسلم ذكروا لها محامل وتأويلات بها تليق، وذهبوا إلى أنهم محفوظون عن التضليل والتفسيق، صونا لعقائد المسلمين من الزيغ والضلالة في حق كبار الصحابة الأخيار، سيما المهاجرين والأنصار، المبشرين بالثواب في دار القرار)(418).

وهو كلام صريح للسعد في أن بعضًا من الصحابة لم تكن حروبهم لأجل الاجتهاد بل لأجل الحقد والعناد، وطلبا للملك والرياسة وإنما أراد العلماء إغلاق الباب في وجه من تحدثه نفسه بالخوض في حق غيرهم ممن هو ليس كذلك من كبار الصحابة وأجلائهم، **وإلا فَهُمْ يعتقدون فيهم خلاف ما يظهرونه أمام الناس ويعرفون سوء نية البعض منهم**، وهو كلام فيه صراحة وجرأة بالصدع بالحق.

وعلق الحبيب العلامة الحامد على قول «الفتح» ناقلا عن الشوكاني: «وكلهم

---

(417) في المخطوط: «المواقف»، وهو سهو من المصنف رحمه الله، والصواب ما أثبته، فشرح المواقف هو للشريف الجرجاني.
(418) ينظر شرح المقاصد للعلامة السعد التفتازاني (5/ 310-311).

متأول مأجور» بقوله: (وهذا يتوقف على صحة نيات جميع المقتتلين في الجمل وصفين وإرادة كل واحد منهم الدين لا الدنيا، وصلاح أحوال الناس لا مجرد الملك، ومناقشة بعضهم لبعض مع علم بعضهم أنه مبطل وخصمه المحق يبعد ذلك كل البعد، ولا سيما في حق من عرف في حقهم الحديث الصحيح إنما تقتل عمارا الفئة الباغية، فإن إصراره بعد ذلك على مقاتلة من كان معه عمار معاندة للحق وتماد في الباطل؛ كما لا يخفى على منصف...)، ثم قال الحبيب صالح: (وهو كلام يؤيد كلام العلامة السعد التفتازاني، وهو الحق، والله سبحانه أعلم)(419).

قوله: «وهو الحق» فيه تقرير لما سبق وهو مخالف لمذهب أهل السنة والجماعة الذين يثبتون أجر الاجتهاد لمعاوية.

* * *

---

(419) صالح بن علي الحامد، تعليقاته على فتح الباري، الجزء الأول «مخطوط».

المطلب السادس عشر

الحبيب المسند سالم بن أحمد بن جندان [ت: 1389هـ]

قال الحبيب سالم بن أحمد بن جندان في أثناء ترجمته لجمال الدين القاسمي: (كان يميل إلى عقيدة ابن تيمية وأحزابه، **مواليا لمعاوية ابن أبي سفيان رأس البغاة**، وألّف في دفاعه عنه رسالة؛ لأن الشيخ كان شاميا، وهذا الداء - أعني داء النصب - سائر فيهم يتوارثه الأحفاد عن الأجداد)(420).

فانظر كيف ذم الحبيب سالم بن جندان موالاة معاوية، وكيف ذمّ الدفاع عنه وعدّه نصبًا، فهل ذم موالاته والدفاع عنه وعَدُّ ذلك نصبا موافق لمذهب أهل السنة؟

وقال في ترجمة شيخه محمد زبارة: (وكان زيدي المذهب معتدلا لا يسب أحدا من السلف ويترضى عن الخلفاء الأربعة، **ولم يترضَّ عن معاوية وعمرو وأصحابهما، فهو المذهب المتوسط على النمط الذي عليه العلويون طرا، ويفضل عليّا على الثلاثة، هذا الذي عليه أهلنا كذلك في التقديم**...)(421).

وهذا نص صريح بأنه يرى أن مذهب العلويين هو ترك الترضي عن معاوية وعمرو أشباههما، كما يرى بأنّ مذهب العلويين تقديم الإمام علي عليه السلام على الخلفاء الثلاثة.

* * *

---

(420) سالم بن جندان، الخلاصة الكافية في الاسانيد العالية، (1/ 366).

(421) المصدر السابق، (1/ 79-80).

المطلب السابع عشر

الحبيب العلامة علوي بن عبد الله بن حسين السقاف

[ت:1392]

الحبيب علوي السقاف هو الذي نقل في فوائده ومختاراته ما سبق مما جرى بين الحبيب أحمد بن عبد الرحمن السقاف والحبيب عبد الله بن محمد السقاف دون إنكار منه، وهذا إقرار منه بأنّه مذهب العلويين.

ويؤيد ذلك ترجيحه بأن الإمام المهاجر كان إمامي المذهب، حيث قال: (جرى نقاش حاد كبير في مذهبه [أي: الإمام المهاجر]، فرجح العلامة علوي ابن طاهر الحداد[422] أنه شافعي في معرض رده على ابن عبيد الله[423]، وأسنده لوالده طه[424]، وأما الأخ صالح الحامد.. فقد مال في «**تاريخه**»[425] إلى كلام ابن عبيد الله، **وهو الذي يظهر**؛ لأن «**المشرع**» لم يستند إلى دليل، ورجح محمد الشاطري في «**تاريخه**» أنه شافعي)[426].

* * *

---

(422) في رسالته «إثمد البصائر».

(423) أي رده على ما كتبه في «بضائع التابوت»، لا ما في «نسيم حاجر» كما يتوهمه بعضٌ؛ إذ ليس «نسيم حاجر» إلا رد على «إثمد البصائر»، ثم أردفه ابن عبيد الله برسالة سماها «سموم ناجر».

(424) هكذا في الأصل، ولعله طاهر.

(425) (1/ 324)، ونصه: (فالجزم بكون الإمام المهاجر كان شافعي المذهب على طريقة الأشاعرة غير مبني على تحقيق وبحث، بل من باب الرجم بالظن المبني على الاستصحاب المقلوب؛ إذ صارت ذريته شافعية أشاعرة، وهذا منتقض بأنه قد ثبت أن جد المهاجر وهو الإمام علي العريضي كان إماميا...).

(426) ينظر السيرة الذاتية للحبيب علوي بن عبد الله السقاف، (ص296).

المطلب الثامن عشر
الحبيب العلامة إبراهيم بن عمر بن عقيل بن يحيى [ت: 1409هـ]

أنشد رضي الله عنه مدحًا كتب عمه بقوله:

خدَمَ الخلائقَ بـ«النصائح»(427) و«الـ   عتب الجميل»(428) وصائب الآرا

«فصل التخاصم»(429) بعد «تقوية الـ   إيمان»(430) إن زكّى الورى صخرا

وله «الهداية»(431) إنـه بــ«أحـا   ديث المعالي»(432) بيّن الأمرا

وقال رضي الله عنه:

يَراعُهُ قد جرى رَدْحًا بحكمته   وفي الدفاتر ما قد كان يكتبه

مؤلفاتُك تلك الأمهاتُ بها الـ   حقُّ المبين إلى الآيات تنسبه(433)

5   ففي ذلك تصريح من الحبيب إبراهيم بفضل ومكانة ما كتبه عمه الحبيب محمد بن عقيل؛ وذكر بعض مصنفاته، منها ما ألّفه خاصة في بيان أمر معاوية ابن

---

(427) أي: «النصائح الكافية لمن يتولى معاوية».
(428) أي: «العتب الجميل على أهل الجرح والتعديل».
(429) أي: «فصل الحاكم في النزاع والتخاصم بين بني أمية وبني هاشم».
(430) أي: «تقوية الإيمان برد تزكية ابن أبي سفيان».
(431) أي: «الهداية إلى الحق في الخلافة والوصاية».
(432) أي: «أحاديث المختار في معالي الكرار»، كل ذلك من تأليف عمه الحبيب العلامة محمد بن عقيل بن يحيى، وله تواليف غيرها وهي: ثمرات المطالعة، المذكرات، نقد الصحاح، الرد على منهاج السنة، تحقيق المقام الخضرية.
(433) من قصيدتين للعلامة إبراهيم بن عمر بن عقيل، ينظر مقدمة «العتب الجميل» بتحقيق أبي عبد الرحمن العلوي (ص 57).

أبي سفيان، ومنها ما تطرق فيها في ذكره، وعلى كلٍّ فتوصيف ما ذُكر من كتب عمه بأنه الحق المبين وأنّه خدم الخلائق بذلك، وذلك أمر غير مقبول مطلقا عند أهل السنة؛ إذ كلها مملوءة بالتجريح في معاوية ابن أبي سفيان، وليس ذلك عندهم بخدمة للخلق، وإنما هو إضلال لهم.

* * *

المطلب التاسع عشر

الحبيب العلامة المحدث علي بن محمد بن يحيى [ت: 1409هـ]

كان الحبيب علي بن محمد بن يحيى متزوجا من بنت الحبيب محمد بن عقيل، وكان تأثره به وذبّه عنه واضح، فيقول محدثا عنه: (ولا يضر أن يكون أتباعه قليلين أو أن يتراخى تأثيره على الأمة إلى وقت ما، **فسيأتي اليوم الذي يملأ أنصاره الفضاء**؛ كما هي سنة الله في خلقه أمام الحق وأهله، ولن تجد لسنة الله تبديلا)(434).

وقال أيضا في معرض دفاعه عنه: (فأما الذين يأبون الضيم، ويشتدون على الجبارين(435) الذي اتخذوا مال الله دولا، وعباد الله خولا، يلعنونهم منددين بظلمهم، حتى يتربى في نفوس الأمة النفور من الاستبداد والمستبدين، وتؤمن بسمو الدفاع عن الحق والمظلومين، أمثال الإمامين(436) في أخلاقهما التي هي أخلاق جدهما أمير المؤمنين وسيد المنيبين الإمام علي عليه السلام، هؤلاء عند أمثال الكاتب(437) ليسوا بأئمة حريين أن يتفجع عليهم، ألا قاتل الله علماء السوء وأمراء السوء...)(438).

وقال أيضا في أثناء رده على أبي بصري: (وأما قول الكاتب: إن السيد حسن ابن شهاب ألقم ابن عقيل حجرا برسالته في الرد عليه.. فلعمري قد كشف لنا بذلك جهله - أي الكاتب - وما كل كسية عروسا ولا كل سوداء تمرة ولا كل بيضاء شحمة، وكان الأجدر به أن يسعه السكوت ولا يكشف عن عواره،

---

(434) علي بن محمد بن يحيى، مجلة العرب/ نسف أباطيل أبي بصري، 1933/ 12/ 28، (ص6).

(435) يقصد بهم معاوية وأصحابه.

(436) أي الإمام أبي بكر بن عبد الرحمن بن شهاب، والإمام محمد بن عقيل بن يحيى.

(437) أي أبي بصري الذي رد عليه الحبيب محمد بن علي بن يحيى في مقال اسمه «نسف أباطيل أبي بصري » نشرت في مجلة العرب بتاريخ 28/ 12/ 1933م.

(438) المصدر السابق، (ص6).

فالبلاء موكل بالمنطق، فأين تقع رسالة المرحوم حسن بن شهاب الدين من كتب هذين الفحلين العلمين)(439).

وفي هذا كله دلالة واضحة في أنّه كان مؤيد لرأي عمه الحبيب محمد بن عقيل في موقفه من معاوية.

❋ ❋ ❋

---

(439) المصدر السابق، (ص6).

المطلب العشرون

الحبيب عبد الله بن أحمد بن عمر بن يحيى [ت: 1415هـ]

ذكر الحبيب عبد الله بن يحيى معاوية في مواضع من كتابه «**تقرير سياسي منظوم**»[440]، ومن عناوينه:

- معاوية بن أبي سفيان يموت من كثرة الأكل بمرض التخمة.
- الحسن البصري يتحدث عن معاوية.
- الأستاذ عباس العقاد يتحدث عن قتل معاوية لحجر بن عدي.
- الإمام النسائي يُقتل بسبب معاوية.
- من مآثر معاوية[441].
- لعن الأمويين للإمام علي على 70 ألف منبر نحوا من ستين عاما[442].
- معاوية والدهاء[443].
- معاوية والحلم[444].
- أوائل معاوية[445].

---

(440) عبد الله بن أحمد بن يحيى، تقرير سياسي منظوم، (ص130-137).

(441) وفيه قوله: منها أنه ملعون على لسان الله ونبيه.

(442) وفيه قوله: سنّه لهم معاوية.

(443) وفيه قوله: هذا الطريق الذي تمكن به من خداع عدد من دهاة العرب وتسخيرهم لقضاء مآربه.

(444) وفيه قوله: أما الحلم عند معاوية.. فهو دعاية سياسية في خصومته مع الإمام علي بن أبي طالب، ووسيلة من وسائل التحبب إلى الناس.

(445) وفيه قوله: أول من جعل ابنه ولي عهده مع علمه بفسقه واستهتاره بالدين، وأول من اتخذ المقاصير في الجوامع، وأول من قتل مسلما صبرا، وأول من أقام على رأسه حرسا... إلى غير ذلك مما ذكر.

المطلب الحادي والعشرون
الحبيب الأديب محمد بن سالم بن علوي خرد [ت:1419هـ]

قال رضي الله عنه:

كـم تمنيـت أن أكـون بيـوم الـ	ـطف أسـقي العـدا كـؤوس الفنـاء
وأقي جدي الحسين بنفسي	أسهم الغدر من عديم الوفاء
وأذود الردى عن ابن علي	باذل الروح دونه في سخاء
لم تجد مؤمنا محبا لمن	آذى رسول الهدى كمثل أولاء
إنه الحقد منذ عهد قديم	وهو إرث الآباء للأجداد
كان أجدادهم ببدر وأحد	وصفين قادة الأعداء
وبيوم الأحزاب قادوا جيوشا	لينالوا من سيد الأنبياء
جهلوا عصمة الإله لطه	فمنوا بالهزيمة النكراء
حاربوا الله والرسول وسبّوا	حيدرا في منابر الخطباء
من يوالي أعداء طه وعنهم	يترضى مجاهرٌ للعداء
فترضى عمن يصح الترضي	عنهم لا تسئ لأهل الكساء (446)

* قوله رضي الله عنه: «إنه الحقد منذ...» وصف لحقد قاتلي الإمام الحسين عليه السلام في الطف بأنه حقد موروث عن آبائهم وأجدادهم؛ الذين كانوا قادة في بدر وأحد وصفّين، ولا ريب أنّ المقصود يزيد وأبوه معاوية وأبوه أبو سفيان.

* قوله رضي الله عنه: «من يوالي أعداء طه...» إنكار منه على من يترضى عن المذكورين، ولا شك أن يزيد غير مقصودٍ بهذا بيت، فلا أحد يترضى عنه، وإنما

---

(446) ينظر واقعة الطف في تراث السادة آل بني علوي، حسن صالح الكاف، مركز العريضي للدراسات والنشر، (ص65).

الواقع عند كثيرين الترضي عن معاوية وأبيه، ففيه إشارة إلى أن المقصود من كلامه أناس من الصحابة، وعدَّ الترضي عنهم إساءة لأهل الكساء عليهم السلام.

* * *

المطلب الثاني والعشرون

الحبيب محمد بن أحمد الشاطري [ت: 1422هـ]

قال الحبيب محمد بن أحمد الشاطري رحمه الله:

(ولما انتشر الوعي أصبح موضوع معاوية حين عرضه العقاد وطه حسين وغيرهما من علماء التاريخ موضوعا واضحا كما عرضه ابن شهاب تقريبا، **ولم يسع كل قارئ منصف إلا أن يتلقاه بما يستحقه من الاعتبار والقدر خصوصا من ناحية العدالة الاجتماعية وما كان لمعاوية من أثر في الخروج عنها - وهي العدالة الإسلامية - إلى ما له من دور معروف في تغيير مجرى التاريخ الإسلامي** مما هو مفصل في كتب التاريخ القديمة والحديثة، وتجد في أشعار ابن شهاب نفس ما تجده في مؤلفاته عن هذا الموضوع وما اتصل به)[447].

وعلق على ذلك الباحث مراد باخريصة بقوله: (غفر الله للشيخ محمد الشاطري، فهل التربية على حب معاوية وتسييده وعده من الصحابة تربية تقليدية أم أنها تربية عقدية من صميم عقيدة أهل السنة والجماعة؟ وهل إظهار سبه والكلام فيه من قبل طه حسين والعقاد وابن شهاب يعتبر من الوعي الذي يستحق أن يتلقى بما يستحقه من الاعتبار والقدر؟!)[448].

ومما يدل أيضا على تأييد الحبيب محمد الشاطري للحبيب أبي بكر ابن شهاب قوله: (ومن أبرز من ردّ عليه صديق ابن شهاب وأحد أفراد قبيلته السيد العلامة حسن بن علوي بن شهاب بكتاب سماه «**الرقية الشافية من سموم النصائح الكافية**» **حاول فيه إثبات صحبة معاوية وأنه من أهل الفضل والعدل**، وأوّل كل ما يخالف ذلك من الأحاديث والوقائع التاريخية بتأويلات وتفسيرات تنطبق على مبدئه)[449].

---

(447) محمد الشاطري، أدوار التاريخ الحضرمي، (2/ 451-452).

(448) مراد باخريصة، موقف علماء حضرموت من الشيعة، (ص83).

(449) محمد الشاطري، أدوار التاريخ الحضرمي، (2/ 451).

وعلّق عليه الباحث باخريصة بقوله: (قلت: إن هذه الكلمات تثبت تأييده لابن شهاب، فقوله: «حاول فيه إثبات صحبة معاوية وأنه من أهل الفضل والعدل» تظهر أن الشاطري لديه شكّ في ذلك وأنّ مبدئه الذي يعتقده في معاوية غير مبدأ حسن بن علوي في تمجيد معاوية والثناء عليه)(450).

ويدل عليه قوله أيضا: (وقام ابن شهاب بدور فعال بين علماء حضرموت ثم بين علماء الإسلام في النزاع حول معاوية بن أبي سفيان، بل هو في الحقيقة بطل المعركة الجدلية)(451).

ويتحدث عن الحبيب أبي بكر بقوله: (وفي الناحية العلمية أيضا كان يقوم بدور فعال في توعية وفهم الإسلام وتعاليمه على وجهها الصحيح؛ فكان يعارض الممجدين للملوك من بني أمية وبني العباس المعروفين بالإقطاع والاستغلال والمناهضين للدعاة إلى الثورة الاجتماعية الإسلامية الصحيحة من أئمة أهل البيت عليهم السلام، فهو مثلا يشجب الأعمال المادية التي يقوم بها معاوية بن أبي سفيان وشركائه من توريث للملك والسلطة ومن تصرفات خاطئة ضد الإمام علي بن أبي طالب)(452).

فقد وصف الحبيب محمد هنا ما يقوم به الحبيب أبو بكر ابن شهاب ويدعو إليه من فهمه للإسلام وتعليمه ومعارضته للممجدين لبني أمية بكونه صحيحا، فلا يمكن أن يكون موافقا لمذهب أهل السنة في هذه المسألة إذا كان يرى ما يدعو إليه الحبيب أبو بكر صحيحا.

وقد عد الأستاذُ مراد باخريصة الحبيبَ محمد الشاطري ضمن الذين يترضون على الصحابة أجمعين إلا معاوية ابن أبي سفيان ويسكتون عن جرحه، ولا يقولون

---

(450) مراد باخريصة، موقف علماء حضرموت من الشيعة، (ص83).
(451) محمد الشاطري، أدوار التاريخ الحضرمي، (2/ 450-451).
(452) المصدر السابق، (2/ 453).

بتعديله، ولا يخوضون في هذه المسائل إلا في مجالسهم الخاصة(453).

ومن طعنه في معاوية قوله: (أما معاوية.. فمعروف أنه باغ، **وهو يعلم أنه يمشي على باطل في معاملته للإمام علي وما عمل في خلافته**)(454).

فهذا جرح صريح في نية معاوية، وأنه حارب الإمام عليا وكان يعلم بأنه على الباطل، وفيه رد لما قرره أهل السنة من أن معاوية مأجور لاجتهاده؛ إذ كيف يكون مجتهدا ويعلم في خاصة نفسه أنه على الباطل؟

وقد ذكر الحبيب محمد الشاطري بعضا من أسلافنا العلويين ممن تحاملوا على معاوية، ثم تعجب ممن يترضى عنه، بقوله:

(بعض أسلافنا عندهم تحامل على معاوية؛ كالإمام علي بن حسن العطاس، والإمام زين العابدين العيدروس **وغيرهما، والعجيب أن بعضهم ترضوا عنه!** نجد ذلك في كتبهم – والله أعلم، بعض المدافعين عنهم قالوا: من الكياسة، لكن إذا فكرنا.. نجد أنهم بعيدو النظر، وأنّ نظرتهم تقول: إن الأمر لن يقف عند معاوية، إنما قد يمتد ويتسلسل – إذا سهلنا للناس أمر معاوية – قد يقتضي الأمر تناولَ غيره ممن هم أجلّ وأعظم)(455).

وفي هذا بيان أنه يرى السكوت عن موبقات معاوية؛ لأجل أن الكلام فيه قد يمتد إلى غيره من الصحابة، فترك الطعن فيه لأجل ذلك، لا لكونه من خيار الصحابة، ولكنه مع ذلك قد وقع منه طعن في معاوية؛ كما قدمنا في النصوص السابقة.

---

(453) مراد باخريضة، موقف علماء حضرموت من الشيعة، (ص81-82).
(454) محمد الشاطري، شرح الياقوت النفيس، (ص772).
(455) محمد الشاطري، شرح الياقوت النفيس، (ص777).

نتائج البحث

من خلال ما تقدم من النصوص توصل الباحث إلى أن موقف السادة آل باعلوي من معاوية ابن أبي سفيان ينقسم إلى أصول متفقة عليها وإلى فروع مختلفة فيها:

الأصول المتفقة عليها:

الأول: السادة آل باعلوي لا يحبون معاوية.

الثاني: لا يعظمون معاوية ولا يحترمونه ولا يذكرونه بخير.

الثالث: لا يمنعون الترضي عن كل الصحابة إجمالا.

الفروع الخلافية:

الأول: اختلفوا في حكم لعنه وسبه على قولين، والأول مبني على جواز لعن المعين.

الثاني: اختلفوا في حكم الترضي عنه على قولين، حكى جمهور المتأخرين أنّ مذهبهم ترك ذلك، ورأى بعضهم مشروعية ذلك وكان اعتمادهم على ما وجدوا من نصوص من كتب أسلافهم مما ثبت فيه ترضٍّ عنه إلا أنّه لا يصح الاحتجاج بشيء من ذلك لعدم ثبوته كما تقدم تفصيله.

الثالث: اختلفوا في حكم بغضه على قولين، فهناك نصوص عامة صريحة في الحذر من بغض أحد من الصحابة، ولكن مع ذلك ثبت بغضه عن عدد من العلويين؛ وهو ما نسبه الحبيب أبو بكر ابن شهاب إلى مذهب السلف من السادة آل باعلوي.

فالحاصل:

لا يجوز أن يحكم على أحد من السادة آل باعلوي بمخالفته لطريقة سلفه إلا إذا خالفهم في إحدى الأصول المتفقة عليها بينهم.

أما من خالف جمهورهم في الفروع المختلفة فيها.. فلا يمكن أن يجزم بمخالفته لطريقة السادة آل باعلوي، ومحل هذا في غير مسألة الترضي فالظاهر أنّ من ترضى عن معاوية كان مخالفا لمذهب السادة آل باعلوي إلا إن أتوا بدليل يثبت أنّ مذهب السادة آل باعلوي كذلك أو يثبتوا صحة الترضي الواقعة في كتب السادة آل باعلوي بالقيدين المذكورين فيمكن حينئذ ترك الحكم على من ترضى عن معاوية بأنه خالف طريقة العلويين.

نعم، يمكن لكلٍ أن يرجح من الأقوال ما يراه الصواب من ناحية الدليل والمصلحة والموافق لمذهب أهل السنة أو المخالفة لها؛ وأما الجزم بخروج غيرهم من الطريقة لمخالفته في مسألة فرعية اختلف فيها بين العلويين – غير الترضي كما سبق –.. فغير ممكن.

* * *

خاتمة

تقرر بما سبق من النصوص أنَّ الزعمَ بأن الحبيب أبا بكر ابن شهاب والحبيب محمد بن عقيل أو أحدهما شذّ في هذه المسألة افتراءٌ وكذبٌ، فالطعن في معاوية، أو لعنه، أو ذكر قبائحه، أو بغضه، أو ترك محبته، أو إثبات كونه ناصبيا لعّانا مبغضا سابّا معاديا للإمام علي عليه السلام وغير ذلك مما يخالف مذهب جمهور أهل السنة.. لم ينفرد به الحبيب أبو بكر ابن شهاب ولا الحبيب محمد بن عقيل، بل ثبت عن جم غفير من السادة آل أبي علوي.

وبذلك يظهر ظلم وكذب كثير من المعاصرين المنتسبين لطريقة السادة آل باعلوي، فإنهم حكموا عليهما بأنهما شيعة بل منهم من يرميهما بالرفض كما قالوا بشذوذهما عن طريقة السادة آل باعلوي.

فلم ينصف هؤلاء المعاصرون بالحكم على كلّ من طعن في معاوية بكونهم شيعة خارجين عن الطريقة، كما لم يحكموا على جميعهم بموافقة السلف، بل حكموا على المذكورَين بذلك وتركوا الكلام فيمن عداهما، وترى العالم منهم يضيف إليهما اسما أو اسمين ولا يبلغ بهم العدد على ما فوق عدد أصابع اليد الواحدة!

فإننا نراهم جميعا معظمين لمن ذكرناهم ممن طعنوا في معاوية، فمالهم لا يعظمون المذكورَين مثلهم، أو يحطون فيهم ويرمونهم بالتشيع والخروج عن طريقة أسلافهم كما قالوا فيهما؟

ولا أقول إنّ سبب ذلك هوى وتحامل منهم عليهما، ولكن لعله لقلة اطلاع هؤلاء في هذه المسألة فلم يعرفوا إلا أفرادا.

لذا أرجو من هؤلاء إمعان النظر فيما نقلتُ من النصوص وحققته من مواقف بعض العلويين، وأن يراجعوا هذه المسألة جيّدا، ثم أن يظهروا رأيهم من تأييد أو تعقيب.

كما أرجو منهم حفظ لسانهم من الحط في مقام العَلَمين المذكورَين وعدم المسارعة في الحكم بمخالفتهما لطريقة السادة آل باعلوي؛ إذ لا يسع المنصف بعد هذا البحث أن يحكم بخروج من وقع منه شيء مما سبق من مذهب سلفه وأهله من العلويين.

انتهى تأليف هذا البحث بحمد الله تعالى لاثنتي عشر بقين من شهر صفر من سنة 1444هـ، ورقمه العبد الفقير: حسن بن صالح الكاف / علوي بن صادق الجفري عفا الله عنهما آمين.

* * *

المراجع

1) ابن عبيد الله وآراؤه الاعتقادية، مروان باوزير، بحث ماجستير.

2) الأبنية الفكرية، أبو بكر العدني المشهور، الطبعة الثانية 1422هـ - 2001م.

3) أبو المرتضى ابن شهاب، محمد أسد شهاب، ط: المعاونية الثقافية للمجمع العالمي لأهل البيت. إتحاف السائل بجواب المسائل، عبد الله بن علوي الحداد.

4) إثمد البصائر بالبحث في مذهب الإمام أحمد المهاجر، علوي بن طاهر الحداد، «مخطوط».

5) أحسن القول والخطاب في بيان أفضلية الأصحاب أنها ظنية على الصواب، علوي بن أحمد الحداد، «مخطوط».

6) إحكام الأحكام شرح عمدة الأحكام، ابن دقيق العيد، مطبعة السنة المحمدية.

7) إدام القوت، عبد الرحمن بن عبيد الله السقاف، الناشر: دار المنهاج.

8) أدوار التاريخ الحضرمي، محمد بن أحمد الشاطري،

9) الأذكار، النووي، دار الفكر، تحقيق: عبد القادر الأروؤوط.

10) أسد الغابة في معرفة الصحابة، محمد بن محمد بن عبد الكريم الجزري، ت: علي محمد معوض – عادل أحمد عبد الموجود، ط: دار الكتب العلمية، الطبعة الأولى 1415هـ.

11) الأسرار المرفوعة في الأخبار الموضوعة، علي القاري الهروي المكي، ت:

محمد الصباغ، ط: دار الأمانة/ مؤسسة الرسالة.

12) أصل تقوية الإيمان، محمد بن عقيل بن يحيى، «مخطوط».

13) أصول الجرح والتعديل وعلم الرجال، نور الدين عتر.

14) إعانة المسترشدين على اجتناب البدع في الدين، عثمان بن يحيى، (ص85).

15) الاغتباط بمن رمي من الرواة بالاختلاط، سبط ابن العجمي، دار الحديث، تحقيق علاء الدين علي رضا.

16) إقامة الدليل على أغلاط الحلبي في نقده العتب الجميل، علوي بن طاهر الحداد، ملحق بآخر العتب الجميل بتحقيق عبد الله العلوي.

17) أنساب الأشراف، أحمد بن يحيى البلاذري، دار الفكر، تحقيق: سهيل زكار ورياض الزركلي.

18) أئمة اليمن بالقرن الرابع عشر للهجرة، محمد بن زبارة الصنعاني، ط: المطبعة السلفية، 1376هـ.

19) إيناس الناس بكلام الحبيب أحمد بن حسن العطاس، محمد بن عوض بافضل، «مخطوط».

20) الباعث الحثيث شرح اختصار علوم الحديث، أحمد شاكر، ت: علي محمد ونيس، ط: دار ابن الجوزي، الطبعة الأولى 1435هـ.

21) البداية والنهاية، ابن كثير، دار هجر، عبد الله بن عبد المحسن التركي.

22) بضائع التابوت في نتف من تاريخ حضرموت، عبد الرحمن بن عبيد الله السقاف، «مخطوط».

23) بلابل التغريد فيما استفدناه أيام التجريد، عبد الرحمن بن عبيد الله السقاف، ت: علي بن محسن السقاف، ط: الأميرة للطباعة والنشر-

والتوزيع، الطبعة الأولى 1436هـ.

24) البهاء اللامع الضوي من شموس النسل النبوي بذكر تراجم رجال مشرع المدد القوي نظم السند العلوي، عمر ابن حفيظ.

25) بهجة الخاطر وسرور الفؤاد في مجموع مآثر الحبيب علوي بن محمد بن طاهر الحداد – سيرة حياته ومجموع كلامه وديوانه ومجموع مكاتباته، الناشر: دار التراث.

26) تاريخ الرسل والملوك، محمد بن جرير الطبري، ط: دار التراث، الطبعة الثانية 1387هـ.

27) تاريخ دمشق، ابن عساكر، دار الفكر، تحقيق: عمرو بن غرامة العمروي، 1415هـ - 1995م.

28) تثبيت الفؤاد بذكر كلام مجالس سيدي شيخ الإسلام قطب الدعوة والإرشاد، أحمد بن عبد الكريم الشجار الأحسائي، ط: دار الحاوي.

29) تحفة الأحباب، عمر بن علوي الكاف، الناشر: دار الحاوي.

30) تحفة الأحوذي بشرح جامع الترمذي، محمد عبد الرحمن المباركفوري، ط: دار الكتب العلمية.

31) تذكير الناس، أبو بكر العطاس الحبشي.

32) ترجمه الحبيب أحمد بن حسن العطاس ورحلاته، علي بن أحمد بن حسن العطاس، الطبعة الأولى 1379هـ - 1959م.

33) تطهير الجنان واللسان عن الخطور والتفوه بثلب معاوية ابن أبي سفيان، ابن حجر الهيتمي.

34) تعليقات على فتح الباري، صالح بن علي الحامد، «مخطوط».

35) تقرير سياسي منظوم، عبد الله بن أحمد ين يحيى.

36) تقوية الإيمان برد تزكية ابن أبي سفيان، محمد بن عقيل بن يحيى، ت: كاظم المظفر، ط: المكتبة الحيدرية 1386هـ.

37) تنوير الأغلاس، محمد بن عوض بافضل، «مخطوط».

38) تهذيب التهذيب، أحمد بن علي بن حجر العسقلاني، ط: مطبعة دائرة المعارف النظامية، الطبعة الأولى 1326هـ.

39) توضيح الأفكار، محمد بن إسماعيل الصنعاني، تحقيق: صلاح بن عويضة، الناشر: دار الكتب العلمية، الطبعة: الأولى 1417هـ - 1997م.

40) ثمرات المطالعة، محمد بن عقيل بن يحيى، «مخطوط».

41) الجرح والتعديل، ابن أبي حاتم، ط: دار إحياء التراث العربي، الطبعة الأولى 1271هـ.

42) خطبة الغدير، عبد الرحمن بن عبيد الله السقاف.

43) الخلاصة الكافية في الاسانيد العالية، سالم بن جندان، «مخطوط».

44) خواطر وأفكار وحكم وأسرار من مكاتبات الحبيب مصطفى بن أحمد المحضار، محمد المحضار، الناشر: تريم للدراسات والنشر، الطبعة الأولى 1428هـ - 2007م.

45) ديوان الحبيب محمد بن أحمد المحضار، «مخطوط».

46) ديوان الشريف الرضي.

47) الذب عن التصوف، أبو الفيض محمد الكتاني.

48) رحلة الأسفار، أبو بكر بن علي ابن شهاب، «مخطوط».

49) رحلة جاوة الجميلة، صالح بن علي الحامد، تريم للدراسات والنشر، الطبعة الأولى 1423هـ - 2002م.

50) رسالة المعاونة والمظاهرة والمؤازرة للراغبين من سلوك طريق الآخرة،

عبد الله بن علوي الحداد.

51) رشفة الصادي من بحر فضائل بني النبي الهادي، أبي بكر بن عبد الرحمن ابن شهاب.

52) الرقية الشافية من نفثات سموم النصائح الكافية لمن يتولى معاوية، حسن بن علوي ابن شهاب، تحقيق: سليمان بن صالح الخراشي، روافد للطباعة والنشر، الطبعة الأولى 1429هـ - 2008م.

53) الروض الباسم في الذب عن سنة أبي القاسم، ابن الوزير، تحقيق: علي بن محمد العمران، دار عالم الفوائد للنشر والتوزيع.

54) الروض الناضر شرح قصيدة الحمد لله الشهيد الحاضر، أحمد بن زين الحبشي، الطبعة الأولى 1424هـ -2003م.

55) سموم ناجر لمن اعترض نسيم حاجر، عبد الرحمن بن عبيد الله السقاف، «مخطوط».

56) السيرة الذاتية للحبيب علوي بن عبد الله السقاف.

57) سيرة السلف من بني علوي الحسينيين، محمد بن أحمد الشاطري، دار الحاوي.

58) شرح المقاصد، السعد التفتازاني.

59) شرح الياقوت النفيس، محمد بن أحمد الشاطري، الناشر: المنهاج، الطبعة الثاني: 1427هـ - 2007م.

60) شرح معاني الآثار، أبو جعفر أحمد بن محمد بن سلامة الطحاوي، ت: محمد زهري النجار - محمد سيد جاد الحق، ط: عالم الكتب، الطبعة الأولى 1414هـ.

61) شرح نهج البلاغة، ابن أبي الحديد، تحقيق: محمد عبد الكريم النمري، الناشر: دار الكتب العلمية، الطبعة الأولى 1418هـ - 1998م.

62) شمس الظهيرة مع تعليقات محمد ضياء شهاب، الناشر: عالم المعرفة، الطبعة الأولى 1404هـ - 1984م.

63) صادق الفجرين في جواب سؤال البحرين، الألوسي، «مخطوط».

64) صلة الأهل بتدوين ما تفرق من مناقب بني فضل، محمد بن عوض بافضل، الطبعة الأولى 1420هـ

65) الطبقات الكبرى، ابن سعد، ت: محمد عبد القادر عطا، ط: دار الكتب العلمية، الطبعة الأولى 1410هـ.

66) العتب الجميل على أهل الجرح والتعديل، محمد بن عقيل بن يحيى، ت: عبد الله بن عبد الرحمن العلوي، ط: تريم للدراسات والنشر، الطبعة الأولى 1427هـ.

67) العتب الجميل على أهل الجرح والتعديل، محمد بن عقيل بن يحيى، ت: عبد الله بن عبد الرحمن العلوي، ط: تريم للدراسات والنشر، الطبعة الأولى 1427هـ.

68) عقود الألماس، علوي بن طاهر الحداد، مطبعة المدني، الطبعة الثانية 1388هـ - 1978م.

69) العقيدة الطحاوية، الطحاوي دار ابن حزم، الطبعة الأولى.

70) علوي بن طاهر الحداد، إقامة الدليل على أغلاط الحلبي في نقده العتب الجميل، ملحق بآخر العتب الجميل على أهل الجرح والتعديل.

71) علي بن محمد بن يحيى، مجلة العرب/ نسف أباطيل أبي بصري.

72) عمدة القاري شرح صحيح البخاري، محمود بن أحمد بن موسى بدر الدين العيني، ط: دار إحياء التراث العربي.

73) غاية الوصول في شرح لب الأصول، زكريا بن محمد الأنصاري، ت: دار الكتب العربية الكبرى.

74) فتح الباري شرح صحيح البخاري، أحمد بن علي بن حجر العسقلاني، ت: محب الدين الخطيب، ط: دار المعرفة 1379هـ.

75) الفرائد الجوهرية مجموع تراجم الشجرة العلوية، عمر بن علوي الكاف، «مخطوط».

76) الفصول العلمية والأصول الحكمية، عبد الله بن علوي الحداد.

77) الفوائد المجموعة في الأحاديث الموضوعة، الشوكاني، ت: محمد عبد الرحمن عوض.

78) القرطاس، علي بن حسن العطاس، تحقيق: أحمد بن عمر بن طالب العطاس.

79) القلادة مجموعة مقالات أدبية وبحوث تاريخية وتراجم وأنساب، عمر بن أبي بكر باذيب، ط: دار الفتح، طبعة 1432هـ.

80) قلائد الحسان وفرائد اللسان، علي بن حسن العطاس، أحمد بن عمر بن طالب العطاس.

81) القول الفصل فيما لبني هاشم وقريش والعرب من الفضل، علوي بن طاهر الحداد، الناشر: مكتبة صباح، تحقيق: محمود سعيد ممدوح.

82) كشف الجلي، علوي بن أحمد بن حسن الحداد، «مخطوط».

83) كلام ومناقب الحبيب العارف بالله عبد الله بن عيدروس بن علوي العيدروس، «مخطوط».

84) اللآليء المصنوعة في الأحاديث الموضوعة، عبد الرحمن بن أبي بكر السيوطي، ت: أبو عبد الرحمن صلاح بن محمد عويضة، ط: دار الكتب العلمية، الطبعة الأولى 1417هـ.

85) لسان العرب، ابن منظور، الناشر: دار صادر، الطبعة: الثالثة 1414هـ.

86) مجلة العرب/ نسف أباطيل أبي بصري، علي بن محمد بن يحيى.

87) مجلة اليمن، العدد الثالث والعشرون.

88) مجموع كلام الحبيب أبي بكر بن محمد السقاف، «مخطوط».

89) مجموع كلام الحبيب علوي بن عبد الله ابن شهاب، عبد الله بن عمر بلفقيه، «مخطوط».

90) مجموع مواعظ وكلام الحبيب أحمد بن عمر بن سميط، دحمان باذيب، ط: دار الفتح، طبعة 1432هـ.

91) المحلى، علي بن أحمد بن سعيد بن حزم الأندلسي، ط: دار الفكر.

92) مجموع كلام الحبيب أحمد بن حسن العطاس، محمد بن عوض بافضل، «مخطوط».

93) المذكرات، محمد بن عقيل بن يحيى، «مخطوط».

94) المسند، أحمد بن عيسى المهاجر، «مخطوط».

95) المشرع الروي، الشلي، «مخطوط».

96) مشرع المدد القوي نظم السند العلوي، إبراهيم بن عمر بن عقيل بن يحيى.

97) مصنف ابن أبي شيبة، عبد الله بن محمد بن إبراهيم العبسي_، ط: مكتبة الرشد، الطبعة الأولى 1409هـ.

98) المصنوع في معرفة الحديث الموضوع، علي القاري الهروي المكي، ت: عبد الفتاح أبو غدة، ط: مكتبة المطبوعات الإسلامية، الطبعة الخامسة 1414هـ.

99) معاوية قراءة في المثالب والمناقب، صادق المالكي.

100) مقالات الأشعري لابن فورك (مخطوط في المكتبة السليمانية/ إسطنبول).

101) مقدمة شرح مسلم، يحيى النووي.

102) مكاتبات الإمام عبد الله الحداد، دار الحاوي.

103) مكاتبات الحبيب أحمد بن حسن العطاس، «مخطوط».

104) المنتظم في تاريخ الملوك والأمم، ابن الجوزي، تحقيق: محمد ومصطفى ابنا عبد القادر عطا، الناشر: دار الكتب العلمية، الطبعة الأولى 1412هـ - 1992هـ.

105) منزلة آل بيت النبي، عيسى بن مانع الحميري.

106) المنهاج شرح صحيح مسلم بن الحجاج، يحيى بن شرف النووي، دار إحياء تراث العربي، الطبعة الثانية 1392هـ.

107) الموافقات، الشاطبي، تحقيق: أبو عبيدة مشهور بن حسن، الناشر: دار ابن عفان، الطبعة الأولى 1417هـ - 1997هـ.

108) المواهب والمنن في مناقب قطب الزمان الحسن، علوي بن أحمد بن حسن الحداد.

109) موقف علماء حضرموت من الشيعة، مراد باخريصة، بحث ماجستير.

110) ميزان الاعتدال في نقد الرجال، محمد بن أحمد بن عثمان الذهبي، ت: علي محمد البجاوي، ط: دار المعرفة للطباعة والنشر، الطبعة الأولى 1382هـ.

111) نخب الأفكار، العيني.

112) نزهة النظر في توضيح نخبة الفكر في مصطلح أهل الأثر، أحمد بن علي بن أحمد بن حجر العسقلاني، ت: نور الدين عتر، ط: مطبعة الصباح، الطبعة الثالثة 1421هـ.

113) النصائح الدينية، عبد الله بن علوي الحداد.

114) النصائح الكافية لمن يتولى معاوية، محمد بن عقيل بن يحيى، ت: غالب الشابندر، ط: مؤسسة دار الكتاب الإسلامي، الطبعة الأولى 1427هـ.

115) النفائس العلوية في المسائل الصوفية، عبد الله بن علوي الحداد.

116) النكت على صحيح البخاري، ابن حجر العسقلاني، تحقيق: هشام بن علي السعيدني – نادر مصطفى محمود، الناشر: المكتبة الإسلامية للنشر والتوزيع، الطبعة: الأولى، 1426هـ - 2005م.

117) هجر العلم ومعاقله باليمن، إسماعيل الأكوع.

118) واقعة الطف في تراث السادة آل بني علوي، حسن صالح الكاف، مركز العريضي للدراسات والنشر، الطبعة الأولى 2020م.

119) وجوب الحمية عن مضار الرقية، أبو بكر بن عبد الرحمن ابن شهاب، ط: مطبعة الإمام سنقافورة، الطبعة الأولى 1328هـ.

www.ingramcontent.com/pod-product-compliance
Lightning Source LLC
Chambersburg PA
CBHW061127170426
43209CB00014B/1691